INTRODUCTION

Le terme *algorithme* tire son origine du nom du mathématicien persan *Al Khwarizmi* qui vécut vers l'an 820. La paternité de la notion d'algorithme ne peut cependant lui être attribuée, puisque cette notion est connue depuis l'Antiquité, comme en témoignent les écrits de Diophante d'Alexandrie et d'Euclide datant du IVe siècle av. J.-C.

Un algorithme consiste en la description d'une suite d'opérations élémentaires non ambiguës. Il s'achève après un nombre fini d'étapes et produit un résultat. Dans la plupart des cas, un algorithme requiert des données, dont la taille est nécessairement finie. La notion d'algorithme a été formellement étudiée à partir du début du XXe siècle, bien avant l'apparition des premiers ordinateurs. Pour simuler le fonctionnement des algorithmes, les mathématiciens de cette époque ont imaginé des machines abstraites, et sont parvenus à cerner la classe des problèmes qui peuvent être résolus par ces machines. La branche des mathématiques traitant de ces questions est la *théorie de la calculabilité*.

La naissance des ordinateurs a provoqué un essor extraordinaire de l'algorithmique, dont l'objet est l'étude des algorithmes. Grâce à la vitesse de calcul toujours croissante des ordinateurs, les algorithmes traitent aujourd'hui des masses de données énormes, et il est apparu de nouveaux problèmes qu'il a fallu entreprendre de résoudre. Aujourd'hui, les ordinateurs sont partout, et la nécessité de disposer d'algorithmes de plus en plus performants dans une multitude d'activités — sciences, gestions, jeux, etc. — est plus impérieuse que jamais.

Cet ouvrage a pour objectif de présenter les connaissances élémentaires indispensables à toute personne, étudiante ou non, désireuse de programmer efficacement. Les algorithmes sont écrits dans le style du langage PASCAL, dont diverses implantations, en particulier Turbo-Pascal — marque déposée de Borland International Inc. —, sont très répandues dans les milieux universitaires et aisément accessibles aux particuliers.

Chapitre I

CONCEPTS DE BASE

I. — Notions élémentaires

1. **Variables.** — Un programme manipule des données, essentiellement caractérisées par un type et une valeur. Le premier détermine le format de la donnée en mémoire, selon des normes rigoureuses dépendant du langage dans lequel le programme est écrit. Il décide également des opérations qui peuvent être effectuées sur la donnée. La seconde exprime simplement ce que vaut, à un instant déterminé, cette donnée. La notion de variable en informatique rejoint celle de l'algèbre. Lors de l'écriture d'un programme, il faut presque toujours considérer des données dont la valeur n'est pas déterminée *a priori*. Les données sont désignées par le nom de variables. Une variable est caractérisée par un nom qui sert à la désigner. Pour le programme lui-même, ce nom a peu d'importance, et ne constitue jamais qu'une commodité pour l'utilisateur. Du point de vue du système qui préside à l'exécution du programme, une variable est repérée par une *adresse*, c'est-à-dire une position dans la mémoire centrale de la machine. A cette position, et à un instant donné, la mémoire se trouve dans un état qui peut être aléatoire ou parfaitement déterminé, selon que l'utilisateur a affecté ou non une valeur à la variable correspondante. On appelle *initialisation*, l'opération qui consiste à définir la valeur initiale d'une variable d'un programme. Bien que

cela ne soit pas toujours obligatoire, il est fortement recommandé d'initialiser toutes les variables d'un programme, même lorsqu'il est avéré que le système qui exécute ce programme procède lui-même à une initialisation par défaut des variables. Cette précaution contribue à augmenter la lisibilité des programmes, et peut éviter de fâcheuses erreurs en cas de portage dans un autre langage ou sur un autre système.

2. **Affectation.** — L'affectation est l'opération qui consiste à attribuer une valeur à une variable. Si, par exemple, la variable x est de type entier, l'instruction qui suit a pour effet de stocker le nombre 2 dans l'emplacement mémoire attribué à la variable x.

$$\mathrm{x} < \mathrm{op} > 2 \qquad (1)$$

Ici, *op* est l'opérateur d'affectation du langage utilisé. Par exemple, ce peut être le signe (=), qu'il ne faut alors pas confondre avec l'opérateur d'égalité. Ainsi, en langage C, l'instruction[1]

x = 2; (2)

est une instruction d'affectation, se traduisant par le stockage selon un certain format de l'entier 2 dans la zone mémoire attribuée à la variable x. La même instruction en langage PASCAL est illégale car, dans ce langage, l'opérateur (=) est utilisé pour tester l'égalité de deux variables. Ainsi, une formule telle que (2) est une assertion possédant une valeur de vérité à deux états — l'assertion est vraie ou fausse — et cette valeur de vérité peut elle-même être affectée à une variable de type booléen, comme on le verra plus loin. Pour éviter toute confusion, le langage PASCAL utilise le signe (:=) comme opérateur d'affectation. L'instruction (2), valide en langage C, s'écrit donc en PASCAL :

x := 2; (3)

1. En PASCAL et en C, une instruction est suivie par un point-virgule.

Si, à une même variable, on affecte consécutivement plusieurs valeurs, la variable contient en fin de traitement la dernière valeur affectée. Ainsi, une suite d'instructions PASCAL telle que

x := 2; x := 3; x := 4; (4)

laisse la mémoire de la machine dans un état tel que, à l'adresse de la variable x, on trouve le nombre 4.

De même qu'on peut affecter une valeur à une variable, on peut recopier la valeur d'une variable dans une autre variable, en utilisant le même opérateur d'affectation que précédemment. Par exemple, après exécution de la série d'instructions

x := 2; y := 3; x := y; (5)

les variables x et y contiennent la même valeur, en l'occurrence le nombre 3.

Remarquons que, pour échanger les valeurs de deux variables, il convient d'utiliser une variable intermédiaire. Sans cette précaution, les deux variables contiennent la même valeur en fin de séquence, comme dans cet exemple :

x := 2; y := 3; x := y; y := x; (6)

Les variables x et y contiennent toutes deux le nombre 3, car la valeur 2 contenue dans x est perdue lors de la troisième instruction d'affectation. Pour éviter cela, il convient d'écrire :

x := 2; y := 3; temp :=x; x := y; y := temp; (7)

La variable temporaire *temp* n'a d'autre utilité que de mémoriser la valeur de la variable x, avant que cette valeur ne soit remplacée par celle contenue dans y.

3. **Conditionnelle.** — La notion de conditionnelle est fondamentale en algorithmique, et absolument incontournable. Dans la vie courante même, nous sommes en permanence confrontés à des situations qui ne sont pas déterminées *a priori*, et telles que l'action en cours conditionne

et oriente l'action qui la suit immédiatement. En informatique, cette incertitude se traduit par le fait qu'il faut envisager plusieurs scénarios possibles, tout en sachant qu'un seul d'entre eux sera pertinent selon que telle ou telle condition se trouvera réalisée. Dans plusieurs langages, et en PASCAL en particulier, un tel traitement s'exprime par un bloc d'instructions dont la syntaxe est la traduction du *si... alors... sinon...* de la vie courante :

if cond **then** faire-if **else** faire-else; (8)

En PASCAL, la condition *cond* est une expression logique vraie ou fausse, dont la valeur détermine l'instruction ou le bloc d'instructions qui doit être exécuté. Si la condition est réalisée — c'est-à-dire si *cond = true* —, l'instruction *faire-if* est exécutée; si la condition n'est pas réalisée — c'est-à-dire si *cond = false* ou *not(cond) = true* —, l'instruction *faire-else* est exécutée. Il importe de comprendre que, en aucun cas, *faire-if* et *faire-else* ne peuvent être exécutés tous les deux.

Tous les langages, même les moins évolués, autorisent l'utilisation de conditionnelles. Ainsi, les langages d'assemblage de tous les microprocesseurs construits de nos jours sont munis d'instructions de branchement conditionnel. Il n'est pas possible de les ignorer, et rares sont les programmes qui sont écrits sans utiliser de telles instructions. Dans les langages évolués, la forme *if... then... else...* vue précédemment est la plus répandue, avec parfois quelques variations mineures purement syntaxiques. Par exemple, en langage C, on omet le mot-clé *then*, et seul figure, si nécessaire, le mot-clé *else*. Notons que, dans tous les langages, la clause *else* n'est jamais obligatoire. Dans ce cas, la ligne (8) s'écrit :

if cond **then** faire-if; (9)

Si la condition *cond* n'est pas vérifiée, la ligne (9) est alors ignorée, et l'instruction *faire-if* n'est pas exécutée. Le programme poursuit normalement son exécution à la ligne suivante.

Les conditionnelles peuvent presque toujours être imbriquées. En PASCAL, la ligne suivante est légale :

if cond1 **then if** cond2 **then** faire-if **else** faire-else; (10)

L'instruction *faire-if* est exécutée, si et seulement si les conditions *cond1* et *cond2* sont toutes deux réalisées. Si *cond1* est vérifiée, mais si *cond2* ne l'est pas, *faire-else* est exécutée. Si *cond1* n'est pas vérifiée, la ligne est ignorée.

4. **Boucles.** — Lorsque l'on a à effectuer un grand nombre de fois une séquence invariable d'opérations, l'ordinateur est un instrument idéal, car il travaille très vite et sans erreur. Imaginons par exemple que l'on veuille retrouver un abonné du téléphone dont le numéro d'appel est connu et résidant à Paris, sachant que l'on dispose d'un annuaire électronique organisé sous la forme d'un fichier texte ordinaire, dont chaque ligne est réservée à un abonné. L'accès à un tel fichier est généralement séquentiel, c'est-à-dire que l'on doit commencer par lire la première ligne, puis la seconde, etc., jusqu'à ce que l'on ait trouvé l'abonné recherché ou que l'on ait atteint la fin du fichier. En l'absence de toute notion de boucle, l'algorithme recherché est :

```
1. Lire une ligne du fichier.
2. Rechercher le numero d'appel de l'abonne.
3. Si le numero d'appel est le meme que le numero recherche:
      Afficher le nom de l'abonne et arreter.
      Sinon, s'il reste des lignes a lire, poursuivre.
...
3i-2. Lire une ligne du fichier.
3i-1. Rechercher le numero d'appel de l'abonne.
3i. Si le numero d'appel est le meme que le numero recherche:
      Afficher le nom de l'abonne et arreter.
      Sinon, s'il reste des lignes a lire, poursuivre.
...
```

On voit qu'il y a là un problème, car on ne connaît pas *a priori* le nombre de lignes qu'il faudra lire avant de trouver l'abonné recherché. Par conséquent, si l'on veut être assuré que toutes les lignes de l'annuaire seront lues, il faut répéter la séquence précédente des instructions 1-2-3 autant de fois qu'il y a de lignes dans l'annuaire. Même si ce nombre de lignes est connu par l'auteur de l'algorithme, on n'imagine pas qu'il puisse accepter de bon gré de s'atteler à une tâche aussi fastidieuse. Heureusement, tous les langages informatiques prévoient des facilités qui permettent d'échapper à une telle besogne. Le principe consiste à ne coder qu'une seule fois la séquence d'instructions qui ne changent pas, et à répéter cette séquence un nombre déterminé de fois, ou bien jusqu'à ce qu'une condition soit vérifiée. La séquence d'instructions ainsi répétée constitue une boucle. L'algorithme précédent s'écrit alors :

```
1. Repeter
        Lire une ligne du fichier.
        Rechercher le numero d'appel de l'abonne.
2. Jusqu'a ce que
        Le numero trouve est celui recherche
        ou
        On a atteint la fin du fichier.
3. Si le numero d'appel est le meme que le numero recherche:
     Afficher le nom de l'abonne.
     Sinon, il n'existe aucun abonne au numero recherche.
```

Lorsque l'on parle de boucles, il convient de distinguer deux situations qui exigent un traitement spécifique. Dans l'une, on ne sait pas à l'avance combien de fois la séquence d'instructions qui compose la boucle — et que l'on nomme le *corps* de la boucle — devra être exécutée; c'est le cas de l'exemple précédent; la sortie de la boucle, c'est-à-dire la poursuite du programme à partir de la première instruction qui suit immédiatement la boucle, se produit lorsqu'une condition déterminée se réalise. Dans l'autre, on sait *a priori* que la boucle doit être parcourue un nombre défini de fois; on sait qu'il n'est pas pertinent de sortir de la boucle avant de l'avoir parcourue le nombre de fois requis, et qu'il faudra poursuivre normalement dès que ce nombre aura été atteint. A la première de ces situations, le langage PASCAL associe deux types de structures répétitives, qui correspondent respectivement à la traduction française *tant que... faire...* et *répéter... jusqu'à ce que...* :

while cond **do** boucle; (11)

repeat boucle **until** cond; (12)

A la seconde, PASCAL fait correspondre la structure itérative hyper-classique :

for compteur:=debut **to** fin **do** boucle; (13)

Il est important de remarquer que les structures (11) et (12) sont très similaires. Ainsi, (11) peut en première approche être remplacée par :

repeat boucle **until not**(cond); (14)

Mais, puisque dans la boucle *repeat*, la condition d'arrêt est lue après lecture du corps de la boucle, les instructions formant ce corps sont exécutées au moins une fois, ce qui n'est pas le cas de la boucle *while*. Pour la même raison, il n'est pas utile d'initialiser la valeur de la condition avant d'entrer dans une boucle *repeat*. En revanche, il est indispensable que la valeur initiale de *cond* dans le cas de la boucle *while* soit *true*, sans quoi la boucle n'est jamais exécutée. Si l'on n'a pas pris soin d'initialiser *cond*, sa valeur est aléatoire, et le comportement du programme est alors imprévisible.

II. — **La récursion**

1. **Un exemple classique.** — Pour qui veut faire exécuter par un programme plusieurs fois une séquence donnée d'instructions, il existe au moins une alternative élégante mais relativement complexe aux structures répétitives que nous venons de décrire. Pour introduire cette notion qui pose

presque toujours des problèmes aux débutants, nous allons recourir à l'exemple très classique des tours de Hanoi. Cet exercice est fondé sur une légende selon laquelle, depuis le début des temps et en un lieu reculé, il existerait un certain moine bouddhiste se livrant au jeu suivant : soient trois piquets *A*, *B* et *C*; initialement, sont empilés sur le piquet *A* 64 disques tous différents par ordre de taille décroissante vers le haut; sachant que l'on ne peut déplacer qu'un disque à la fois, et qu'il est interdit de poser un disque sur un autre de diamètre inférieur, le but du jeu est de transférer tous les disques de *A* vers *C* en utilisant *B* comme piquet intermédiaire; la légende prétend que notre monde cessera d'exister lorsque le transfert de tous les disques aura été réalisé. La figure (1) montre la configuration initiale du jeu avec seulement deux disques.

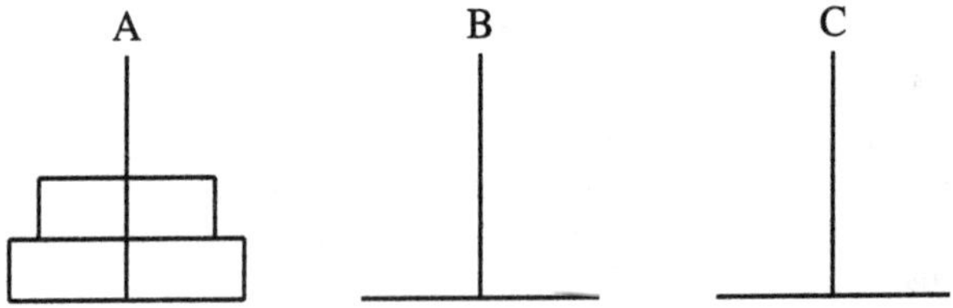

Fig. 1. — Les tours de Hanoi (2 disques) : position initiale.

Trouver un algorithme pour ce jeu, c'est trouver une méthode pour laquelle on puisse démontrer que tous les disques seront finalement transférés en *C*. Il est clair que l'algorithme recherché mettra en évidence qu'une suite donnée d'opérations doit être répétée pour atteindre l'objectif final. On comprend en effet aisément que la manipulation à laquelle il s'agit de se livrer est de nature répétitive. Malheureusement, la formulation de l'algorithme en termes de boucles *while* ou *for* n'est pas à la portée d'un débutant, et il est plus sage d'y renoncer. Nous suggérons plutôt au lecteur d'ignorer dans un premier temps les contraintes techniques inhérentes à l'écriture de tout algorithme dans un langage donné, et de faire confiance à son intuition et son bon sens. La configuration à deux disques ne présente aucune difficulté. Il est clair qu'il existe une solution optimale, représentée par les figures (2), (3) et (4). La combinatoire du jeu étant très limitée avec deux disques, on conçoit immédiatement qu'il est impossible d'exhiber une meilleure solution que celle-ci.

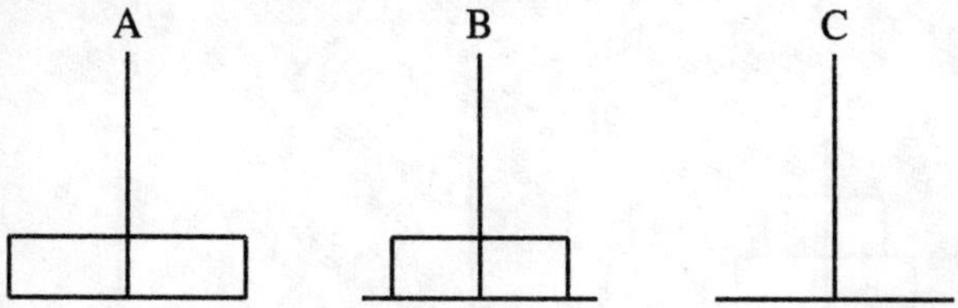

Fig. 2. — Les tours de Hanoi (2 disques) : position 1.

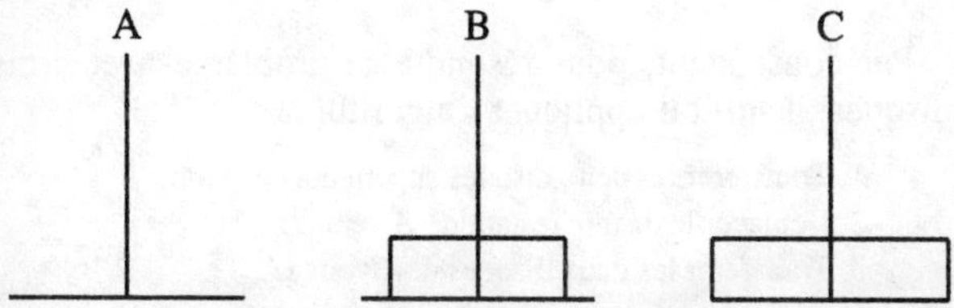

Fig. 3. — Les tours de Hanoi (2 disques) : position 2.

Passons à une configuration à trois disques, dont la position initiale est représentée par la figure (5).

Puisque l'on vient de trouver l'algorithme optimal pour transférer deux disques d'un piquet à un autre, on peut sans difficulté obtenir la configuration intermédiaire de la figure (6), à partir de laquelle on termine le jeu en transférant les deux disques de B en C.

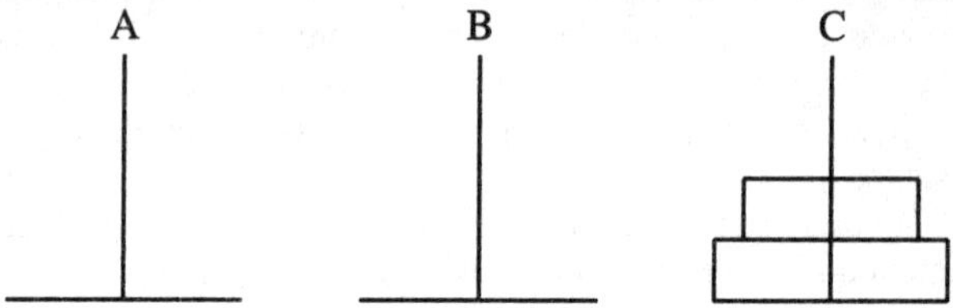

Fig. 4. — Les tours de Hanoi (2 disques) : position finale.

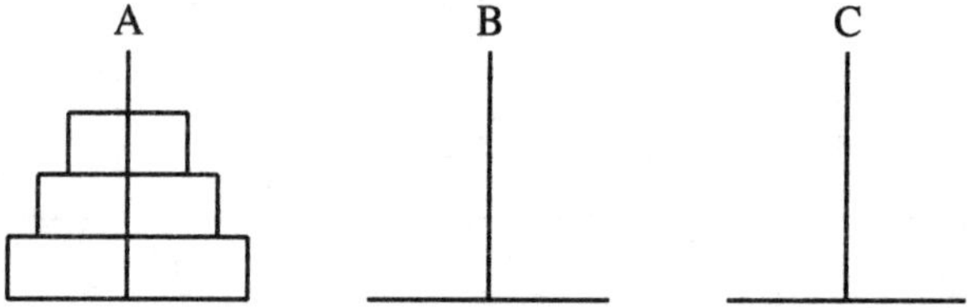

Fig. 5. — Les tours de Hanoi (3 disques) : position initiale.

Par conséquent, pour résoudre le problème avec trois disques, il suffit d'appliquer l'algorithme :

1. Transferer les deux disques superieurs de A vers B.
2. Deplacer le disque restant de A vers C.
3. Transferer les deux disques de B vers C.

Les étapes 1 et 3 de cet algorithme ne peuvent évidemment être accomplies en un seul coup, puisque l'on ne peut déplacer qu'un disque à la fois. Néanmoins, il ressort de cet exemple avec trois disques qu'un algorithme possible pour le jeu à N disques est :

Si $N > 1$, alors:

1. Transferer les $N - 1$ disques superieurs de A vers B.
2. Deplacer le disque restant de A vers C.
3. Transferer les $N - 1$ disques de B vers C.

Sinon, deplacer le disque de A vers C.

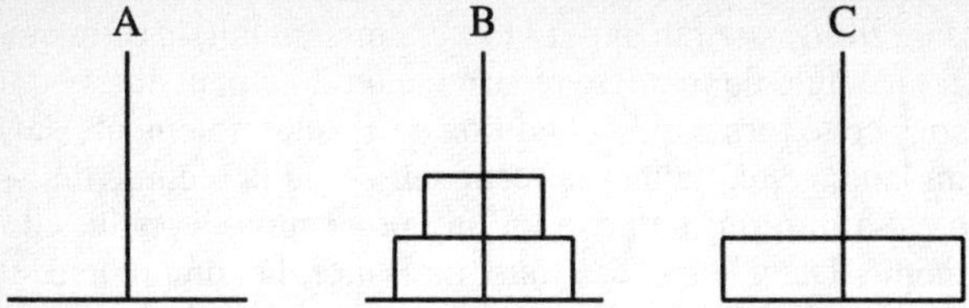

Fig. 6. — Les tours de Hanoi (3 disques) : position intermédiaire.

Ainsi, si l'on note $c(i)$ le nombre de coups que requiert cet algorithme pour transférer i disques de A vers C, on a :

$$c(i) = 2c(i-1) + 1 \tag{15}$$

D'où, pour N disques :

$$c(N) = 2^N - 1 \tag{16}$$

Si l'on appelle *transferer(N, X, Y, Z)* l'opération — ou en langage PASCAL, la procédure — qui consiste à transférer N disques du piquet X vers le piquet Y en utilisant le piquet intermédiaire Z, et *deplacer(X, Y)*, la procédure qui effectue le déplacement d'un unique disque de X vers Y, l'algorithme précédent s'écrit :

```
procedure transferer(N, A, C, B);
begin
      if N > 1
        then begin
               transferer(N-1,A,B,C);         /* 1 */
               deplacer(A,C);                 /* 2 */
               transferer(N-1,B,C,A);         /* 3 */
               end
        else deplacer(A,C).                   /* 4 */
end;
```

Il s'agit là d'un algorithme remarquable, car la procédure *transferer* fait appel à elle-même. En fait, le problème est formulé de manière récurrente, et il ne peut être résolu sous cette forme qu'à condition qu'il soit implémenté dans un langage qui admet la récursion — ou la récursivité —, c'est-à-dire qui autorise qu'une procédure s'appelle elle-même. Dans le cas des tours de Hanoi, la compréhension parfaite de la récursion est délicate car, dans l'algorithme précédent, chaque appel de la procédure *transferer* génère deux appels récursifs de la même procédure. Dans la mesure où l'algorithme est exécuté séquentiellement, le second appel récursif ne peut avoir lieu que lorsque le précédent a abouti, c'est-à-dire lorsque le nombre de disques restant à déplacer est égal à 1. Plus précisément, toutes les fois où la ligne 1 de l'algorithme est exécutée, les actions correspondantes aux lignes 2 et 3 doivent être mémorisées, et ne peuvent être accomplies qu'après que l'appel récursif 1 s'achève par un appel à la ligne 4, qui ne produit pas d'appel récursif. Le tableau (1) donne, pour la configuration à trois disques, le déroulement exact de l'algorithme, avec les conventions suivantes :

- N : la valeur de N passée à la procédure *transferer*.
- O : le piquet d'origine.
- D : le piquet destination.
- I : le piquet intermédiaire, lorsque $N > 1$.
- L : le numéro de la ligne correspondante dans l'algorithme.
- S : le statut de l'appel, avec :
  - IR : immédiat récursif; un appel récursif a lieu immédiatement; si des instructions suivent, elles sont mémorisées pour être exécutées aussitôt que cet appel aura abouti;
  - IT : immédiat terminal; un appel non récursif effectué immédiatement;

– DR : différé et récursif; un appel récursif qui suit un appel récursif précédent, et qui est mémorisé lors de ce premier appel, pour être exécuté ultérieurement;
– DT : différé et terminal; un appel non récursif qui suit un appel récursif, et qui est mémorisé afin d'être exécuté après terminaison de cet appel récursif.

Tableau 1. — Déroulement de l'algorithme avec trois disques.

N	O	D	I	L	S
3	A	C	B	x	x
2	A	B	C	1	IR
1	A	C	x	2	DT
2	B	C	A	3	DR
1	A	C	x	1	IR
1	A	B	x	2	DT
1	C	B	x	3	DR
1	A	C	x	4	IT
1	A	B	x	2	IT
1	C	B	x	4	IT
1	A	C	x	2	IT
1	B	A	x	1	IR
1	B	C	x	2	DT
1	A	C	x	3	DR
1	B	A	x	4	IT
1	B	C	x	2	IT
1	A	C	x	4	IT

La procédure *deplacer*, qui effectue le déplacement légal d'un disque d'un piquet origine vers un piquet destination, est donc exécutée sept fois — ce sont les appels IT du tableau —, du haut vers le bas du tableau dans l'ordre séquentiel du programme. Si cette procédure affiche à l'écran un message tel que “Deplacement de X vers Y.”, l'exécution de l'algorithme produit à l'écran :

Deplacement de A vers C.
Deplacement de A vers B.
Deplacement de C vers B.
Deplacement de A vers C.
Deplacement de B vers A.
Deplacement de B vers C.
Deplacement de A vers C.

On peut évidemment imaginer que la procédure *deplacer* fasse plus qu'écrire un simple message à l'écran. On peut notamment concevoir qu'elle visualise le déplacement de chaque disque d'un piquet à un autre, avec plus ou moins de réalisme selon l'habileté et l'objectif du programmeur. Ceci étant, l'algorithme ne change pas, quoi que puisse faire par ailleurs la procédure *deplacer*.

Remarquons que l'algorithme peut être plus simplement réécrit en :

```
procedure transferer(N, A, C, B);
begin
        if N > 0
          then begin
                  transferer(N-1,A,B,C);
                  deplacer(A,C);
                  transferer(N-1,B,C,A);
                  end;
end;
```

Le fonctionnement est exactement le même que précédemment, puisqu'un appel à la procédure *transferer* avec $N = 0$ ne produit aucun effet.

2. **Récurrence, récursion, récursivité.** — Le mot *récurrence* provient du latin *recurrens*, dont la signification est «*qui revient en arrière*». En mathématiques, une relation

de récurrence est une relation qui définit un terme de rang donné d'une suite, en fonction d'un ou plusieurs termes de rang inférieur. La théorie des ensembles et des fonctions récursifs est particulièrement féconde et intéresse les informaticiens, dans la mesure où elle est étroitement liée à la notion de calculabilité. Notre propos n'étant pas de faire un cours de mathématiques, nous dirons qu'un algorithme est récursif s'il contient une procédure — ou une fonction — qui s'appelle elle-même. Nous nommerons donc *récursivité* le caractère d'un algorithme récursif, et *récursion*, l'action qui consiste à exécuter un algorithme récursif. En pratique, on confond souvent ces deux termes.

Un exemple classique de définition récurrente est celle de la factorielle d'un entier positif N :

$$N! = N(N-1)! \tag{17}$$

Il est facile de voir que cette formule ne donne pas immédiatement la valeur de $N!$. Le résultat attendu est différé, car il dépend de celui calculé pour la factorielle de $N - 1$, lequel ne peut être obtenu qu'après calcul de la factorielle de $N - 2$, etc. Ce processus est condamné à ne jamais prendre fin, s'il n'existe pas une valeur de N pour laquelle le calcul de la factorielle ne fasse pas intervenir la factorielle elle-même. Cette valeur existe, car on pose : 1!=1. Remarquons que, lorsque l'on cherche à calculer manuellement la factorielle d'un entier N, on utilise une méthode itérative et non récursive. Ainsi, pour calculer la valeur de 3!, on pose directement : 3!=3.2.1=6, alors que la méthode récursive consiste à calculer tout d'abord la factorielle de 2 par la formule (17), puis celle de 3 par la même formule. Cela ne doit pas surprendre le lecteur, qui a sans doute remarqué, dans l'exemple des tours de Hanoi, que l'algorithme récursif, qui présente le mérite insigne d'être très concis, demande à son exécutant de très gros efforts de mémoire. C'est pourquoi ces algorithmes ne peuvent généralement pas être exécutés manuellement par un être humain, et c'est aussi pourquoi, même lorsque l'exécutant est un ordinateur, on préfère utiliser un algorithme itératif, lorsqu'il est possible d'en trouver un qui ne soit pas trop complexe — ce qui n'est pas le cas des tours de Hanoi. Nous verrons d'ailleurs plus loin qu'il est possible, dans certains cas, de transformer un algorithme récursif en un algorithme itératif.

Dans le cas de la factorielle, il existe un algorithme itératif simple, que l'on utilise d'ailleurs toujours lorsque l'on a à effectuer un calcul manuel. En langage PASCAL, cet algorithme s'écrit :

```
function fact(N:integer):longint;
var Factorielle:longint;
begin
        Factorielle:=1;
        for I:=2 to N do Factorielle:=Factorielle*I;
        fact:=Factorielle;
end;
```

A la sortie de la boucle, la variable *Factorielle* contient la valeur de la factorielle de N, qui est retournée par la fonction *fact*.

Toujours en langage PASCAL, voici l'algorithme récursif basé sur la formule (17) :

```
function fact(N:integer):longint;
begin
        if N=0
           then fact:=1
           else fact:=N*fact(N-1);
end;
```

Remarquons que, tels que ces deux algorithmes sont écrits, on obtient la valeur 1 pour la factorielle de 0. On pourrait décider que la factorielle de 0 n'est pas définie, auquel cas il faudrait très légèrement modifier les algorithmes, mais cette question ne présente aucun intérêt ici. Examinons plutôt avec précision le fonctionnement de l'algorithme récursif. Pour fixer les idées, supposons que $N = 5$. On commence donc par appeler *fact(5)*. Puisque 5 est non nul, le programme entreprend de calculer *fact(4)*, après avoir mémorisé l'état dans lequel il se trouve; c'est-à-dire que, lorsque *fact(4)* aura été calculé, le résultat final sera donné par le produit de 5 et de *fact(4)*; mais, à l'instant où cette information est mémorisée, la valeur de *fact(4)* n'est pas encore connue. Cette opération se répète avec la factorielle de 4, 3, 2, puis 1. Dès que la valeur de *N* passée à la fonction *fact* prend la valeur nulle, cette séquence d'appels récursifs s'achève, et la valeur retournée est 1. Mais cette valeur n'est en aucun cas la valeur finale correspondant à la factorielle de 5. Il s'agit en effet maintenant de retrouver en mémoire les instructions qui ont été préservées dans l'attente de résultats non encore connus au moment de l'exécution. Ce sont, dans cet ordre :

```
N = 5        fact := 5 * fact(4)
N = 4        fact := 4 * fact(3)
N = 3        fact := 3 * fact(2)
N = 2        fact := 2 * fact(1)
N = 1        fact := 1 * fact(0)
```

Le résultat *fact(0)* connu, il suffit d'exécuter les instructions mémorisées dans l'ordre inverse de leur mémorisation, pour obtenir finalement la factorielle de 5, c'est-à-dire 120. On comprend pourquoi, sur cet exemple, la récursion doit être gérée par le langage qu'on utilise, pour qu'un algorithme récursif puisse être implémenté dans ce langage. Sans cela, qui s'occuperait de mémoriser les instructions qui ne peuvent être exécutées immédiatement, et de les dépiler après terminaison de la récursion ? On comprend pourquoi, dans le cas de la factorielle, l'algorithme itératif est préférable. On comprend aussi pourquoi l'algorithme récursif qui permet de résoudre le problème des tours de Hanoi est si délicat à appréhender dans ses moindres méandres.

Il est clair, donc, que la récursivité consomme de la mémoire, selon une fonction croissante du nombre d'appels récursifs. De plus, le mécanisme de gestion de cette mémoire est complexe et, partant, s'approprie une part considérable du temps total de calcul. On peut donc s'attendre à ce que, sur une même machine, les performances de l'algorithme récursif pour le calcul de la factorielle soient très inférieures à celles de l'algorithme itératif, ce qui est effectivement le cas. Pour cette raison, il est toujours avantageux de chercher à simplifier la récursivité, de telle façon que, lors de chaque appel récursif, il n'y ait pas d'instruction qui fasse suite à cet appel, et qui nécessite un résultat encore inconnu, pour être exécutée. Un tel schéma récursif est dit *terminal*. Dans le cas de la factorielle, l'algorithme qui suit est récursif terminal :

```
function fact(N:integer):longint;
function fact2(N,I:integer;Result:longint):longint;
begin
        if I=N
           then fact2:=Result
           else fact2:=fact2(N,I+1,(I+1)*Result);
end;
begin
        fact:=fact2(N,0,1);
end;
```

Si on examine cet algorithme avec un peu d'attention, on réalise que sa structure est proche de celle de l'algorithme itératif. On voit que le second argument de *fact2* croît de 0 jusqu'à N et, lorsqu'il atteint cette limite, le troisième argument contient la valeur recherchée.

Afin de préciser encore les notions de récursivité et de récursivité terminale, nous allons examiner un autre exemple classique de définition récurrente. Il s'agit de la suite de Fibonacci, définie par :

$$F_N = F_{N-1} + F_{N-2}; F_1 = 1; F_0 = 0 \qquad (18)$$

Les dix premiers termes de cette suite sont : 0, 1, 1, 2, 3, 5, 8, 13, 21, 34. Il est bien connu que F_N est une fonction exponentielle de N[2]. Il est facile, avec un langage tel que PASCAL, d'implémenter un algorithme récursif déduit de (18) :

```
function fibonacci(N:integer):longint;
begin
        case N of
                0: fibonacci:=0;
                1: fibonacci:=1
                else fibonacci:=fibonacci(N-1)+fibonacci(N-2);
        end;
end;
```

Hélas, si cet algorithme est très simple à formuler, il est extrêmement coûteux en terme de mémoire et de temps de calcul. Il est clair en effet que le nombre d'appels récursifs nécessaires pour calculer F_N est égal à la somme des nombres d'appels requis pour calculer F_{N-1} et F_{N-2}, sauf évidemment lorsque N vaut 0 ou 1. Par exemple, pour calculer F_5, il faut calculer F_4 et F_3; pour obtenir F_4, il faut avoir F_3 et F_2; pour connaître F_3, on a besoin de F_2 et F_1; enfin, pour avoir F_2, il faut F_1 et F_0, qui sont connus. Ainsi, pour calculer F_5, on calcule une fois F_4, deux fois F_3 et trois fois F_2. Le nombre total d'appels de la fonction *fibonacci* pour calculer F_5 est égal à 6, c'est-à-dire F_5. Avec un peu d'attention, on voit immédiatement que le nombre total d'appels pour le calcul de F_N est justement égal à F_{N+1}. Puisque F_N est une fonction exponentielle de N, l'algorithme précédent nécessite un temps de calcul qui est lui aussi une fonction exponentielle de N. Il est facile de remédier à cela. La première possibilité est d'opter pour cet algorithme récursif terminal :

2. A titre indicatif, F_{100} est un nombre de 21 chiffres : F_{100} = 354.224.848.179.261.915.075.

```
function fibonacci(N:integer):longint;
function fibonacci2(N,I:integer;Fib0,Fib1:longint):longint;
begin
      if I=N
        then fibonacci2:=Fib0 + Fib1
        else fibonacci2:=fibonacci2(N,I+1,Fib1,Fib0+Fib1);
end;
begin
      case N of
            0: fibonacci:=0;
            1: fibonacci:=1
            else fibonacci:=fibonacci2(N,2,0,1);
      end;
end;
```

La seconde est d'écrire tout simplement un algorithme itératif, en utilisant un tableau à deux cases contenant les deux dernières valeurs calculées, et initialisées avec les valeurs de F_0 et F_1 :

```
function fibonacci(N:integer):longint;
var
     F:array[0..1] of longint;
     I:integer;
     Fibo:longint;
begin
     F[0]:=0;F[1]:=1;
     if (N=0) or (N=1)
       then Fibo:=F[N]
       else for I:=2 to N do
            begin
            Fibo:=F[1]+F[0];
            F[0]:=F[1];F[1]:=Fibo;
            end;
     fibonacci:=Fibo;
end;
```

Ces deux derniers algorithmes sont beaucoup plus performants que l'algorithme récursif non terminal, puisqu'ils nécessitent un temps de calcul qui est une fonction linéaire de N.

3. **Itération et récursivité terminale.** — La récursion permet de résoudre de nombreux problèmes de manière élégante. Dans certains cas, comme celui des tours de Hanoi, elle constitue beaucoup plus qu'une simple alternative. Elle permet d'énoncer des algorithmes très concis, et il est parfois difficile d'y renoncer. Néanmoins, une condition nécessaire pour qu'un algorithme puisse être implémenté dans un langage donné, est que ce langage gère la récursivité. Si l'on programme en BASIC élémentaire, en COBOL ou en assembleur, on ne bénéficie pas de cet avantage. Aussi, on est parfois amené, lorsque l'on a mis au point un algorithme récursif que l'on ne peut implémenter dans le langage que l'on utilise, à se demander si cet algorithme peut être transformé en un algorithme itératif — l'opération qui consiste à effectuer cette transformation se nomme *dérécursification* —, afin d'être écrit dans ce langage. Comme on peut s'y attendre, il n'est généralement pas aisé de dérécursifier un algorithme récursif non terminal, pas plus qu'il n'est simple de trouver un algorithme itératif pour le problème traité. Dans l'exemple des tours de Hanoi, pour lequel l'algorithme récursif est si élégant, il n'est pas évident de convertir cet algorithme, qui tient en trois lignes, en un algorithme itératif.

En revanche, nous avons vu que les algorithmes itératif et récursif terminal qui calculent la factorielle sont très proches l'un de l'autre. Le même constat s'impose si l'on examine avec un peu d'attention les algorithmes qui donnent les nombres de Fibonacci. Dans les deux cas, les algorithmes présentent des similitudes certaines. Mais, au lieu d'utiliser une boucle *for*, la fonction récursive terminale comporte deux arguments supplémentaires, dont les valeurs croissent à chaque appel de la fonction. Le premier de ces arguments varie de 0 jusqu'à N et, lorsqu'il atteint cette valeur limite, le dernier argument contient la valeur finale qu'il suffit de retourner. Dans le cas de la suite de Fibonacci, la fonction possède trois arguments supplémentaires puisque, à chaque étape, on a besoin des deux valeurs précédentes calculées. Dans l'algorithme itératif, ces valeurs sont stockées dans un tableau à deux cases, au lieu d'être passées en argument. Pour les deux problèmes, il est aisé de convertir l'algorithme récursif terminal en l'algorithme itératif.

Il est essentiel de garder à l'esprit que, lorsque l'on passe d'un algorithme itératif à un algorithme récursif terminal, on ajoute toujours des arguments à la fonction ou procédure récursive, et que ces arguments évoluent à chaque appel récursif, pour converger vers la solution finale, qui est atteinte dès que l'argument qui sert de compteur d'appels — le second argument des fonctions *fact2* et *fibonacci2* — prend comme valeur celle qui constitue la donnée du problème — N dans ces deux exemples.

Chapitre II

STRUCTURES DE DONNÉES

I. — Variables et types

Nous avons abordé au chapitre précédent la notion de variable. Toute variable possède un type et une valeur. Voyons comment, dans un langage tel que PASCAL, est interprétée l'instruction :

```
x := y;                                         (1)
```

Dans cette instruction, x et y sont deux variables dont le type est obligatoirement défini. En effet, il est impossible de faire intervenir dans un programme PASCAL une variable de type indéfini. Les langages qui, comme PASCAL, imposent cette contrainte sur les variables sont dits *fortement typés*. On appelle *typage* le fait d'associer à une variable un type, et de définir pour ce type l'ensemble des opérations permises. Ainsi, si x est défini comme entier, et y comme réel, l'instruction (1) est déclarée illégale par le compilateur. L'explication en est fort simple. Les variables sont en effet stockées en mémoire selon un format qui dépend de leur type. Or, ce format diffère d'un type à un autre. Lorsque l'on affecte le contenu d'une variable à une autre, le compilateur recopie dans l'emplacement mémoire de la seconde variable, les informations stockées dans celui de la première variable. Cette opération a un sens seulement si les données mémorisées dans les emplacements mémoire des deux variables sont codées selon un même format. Lorsque cela n'est pas le cas, il est nécessaire de convertir le type de l'une des variables dans le type de l'autre, opération que l'on nomme *transtypage*. Il n'est pas toujours facile, ni même possible, de convertir tout type en un type quelconque lorsque l'on programme dans un langage fortement typé. En PASCAL, le transtypage d'un réel en un entier est impossible avec les fonctions et procédures standard du langage. En revanche, si, dans le cas de l'instruction (1), on a déclaré x de type entier et y de type caractère, il est possible d'effectuer un transtypage de valeur :

x := integer(y); (2)

Une telle instruction est légale en PASCAL. Si, par exemple, la variable y contient le caractère $'c'$, la valeur attribuée à la variable x est l'entier 99, qui n'est rien d'autre que le code ASCII de ce caractère. Il est possible d'effectuer le transtypage inverse :

y := char(x); (3)

Ainsi, l'instruction suivante ne modifie pas le contenu de x :

x := integer(char(x)); (4)

Dans d'autres langages — par exemple le langage C —, de telles instructions n'ont aucun sens. En C, on peut sans problème affecter un entier à un caractère, et inversement. En outre, la notion de variable booléenne n'est pas définie explicitement.

En PASCAL, et plus précisément en Turbo-Pascal, les types suivants sont prédéfinis et disponibles sans déclaration :

- Types discrets : booléen (*boolean*), entier (*shortint*, *byte*, *integer*, *word*, *longint*), caractère (*char*).
- Type réel : *real*.
- Type chaîne de caractères : *string*.
- Types fichier : fichier texte (*text*), fichier typé (*file of*).

A partir de ces types, l'utilisateur peut définir des types complexes, dits *structurés*, tels que des tableaux (*array*) et des enregistrements (*record*). En outre, il est possible d'accéder à l'adresse d'une variable, c'est-à-dire à la position qu'occupe cette variable en mémoire. Cette adresse n'est pas compatible avec le type entier, car composée de plusieurs informations. PASCAL définit le type pointeur (*pointer*) pour les variables qui contiennent l'adresse d'autres variables. Nous verrons qu'à l'aide de ce type de données, il est possible de définir des structures dynamiques complexes — listes, arbres, graphes — qui n'existent pas explicitement en PASCAL, mais qui se révèlent du plus grand intérêt.

Il est essentiel de garder à l'esprit que l'ensemble des opérations binaires autorisées sur deux variables dépend du type des variables. Considérons par exemple l'opérateur binaire (+). S'il est appliqué à deux entiers ou deux réels, il produit un résultat entier ou réel — la somme des deux entiers ou réels. En revanche, si les opérandes sont des chaînes de caractères, le résultat obtenu est une chaîne de caractères, qui est la concaténation des deux opérandes. Le typage consiste donc également à définir les opérations permises sur un type, et à préciser le type des opérandes de tous les opérateurs du langage, avec le type du résultat produit par l'opération. Dans le cas de l'addition, par exemple, il n'est pas possible de sommer un entier et un réel si le résultat doit être affecté à une variable de type entier. L'explication en est fort simple. Soit en effet l'instruction :

z := x + y; (5)

On suppose que x est de type entier, et y de type réel. L'une des contraintes imposées par le langage à l'opérateur (+), est que les deux opérandes doivent être du même type. Ici, il s'agit donc d'effectuer un transtypage de valeur sur x — convertir la valeur contenue dans x au format réel — ou sur y — convertir la valeur contenue dans y au format entier. Nous avons déjà mentionné que le second transtypage n'est pas réalisable. En revanche, le premier ne soulève aucune difficulté. C'est donc ce que fait le compilateur. Après quoi, les valeurs contenues dans x et y sont additionnées, et le résultat est évidemment de type réel. Pour la même raison que précédemment, ce résultat ne peut être affecté à une variable de type entier. C'est pourquoi il est nécessaire que la variable z ait été déclarée avec le type réel.

II. — Les types statiques

1. **Les types scalaires.** — Les types scalaires sont des types de données élémentaires contenant une et une seule information. Une variable de type scalaire possède une adresse en mémoire et, connaissant cette adresse, on accède à la valeur stockée dans la variable. Les types discrets, au contraire des types réels, sont les types associés à des variables dont l'ensemble des valeurs possibles est fini et énumérable. En PASCAL, le plus simple de tous les types discrets est le type booléen, qui est le type d'une variable pouvant prendre deux états : *false* et *true*. L'une de ces deux valeurs peut être directement stockée dans une variable booléenne, de même que l'on peut affecter à une telle variable le résultat de l'évaluation d'une expression logique. Par exemple, si la variable $Flag$ est de type booléen, on peut écrire :

Flag := true; (6)

Ou bien :

Flag := (x > 2); (7)

Si la valeur de x est supérieure à 2, la variable $Flag$ vaut *true*; sinon, elle vaut *false*.

La représentation en mémoire d'une variable booléenne dépend du langage et de l'implantation particulière de ce langage. En Turbo-Pascal, une variable booléenne occupe un octet en mémoire, qui peut contenir la valeur 0 — la variable vaut *false* —, la valeur 1 — la variable vaut *true* —, ou toute autre valeur si la variable booléenne n'a pas été initialisée.

Les opérateurs suivants manipulent des variables booléennes, et le résultat obtenu est de type booléen :

- Not : négation logique.
- And : *et* logique; *a and b* est vrai si et seulement si *a* est vrai et *b* est vrai.
- Or : *ou* logique; *a or b* est faux si et seulement si *a* est faux et *b* est faux.
- Xor : *ou* exclusif logique; *a xor b* est vrai si et seulement si *a* est vrai et *b* est faux, ou *a* est faux et *b* est vrai.

Soit l'instruction suivante :

if (cond1 **and** cond2 **and** cond3) **then** faire-if; (8)

En PASCAL standard, on évalue la première condition, puis la seconde, la troisième, et on en déduit la valeur de vérité de la condition globale. En Turbo-Pascal, et dans plusieurs autres langages — par exemple en C —, si *cond1=false*, les conditions *cond2* et *cond3* ne sont même pas évaluées.[1]

Les entiers sont codés généralement sur un, deux ou quatre octets, et peuvent être signés ou non signés. Le tableau (1) résume les types existant en Turbo-Pascal.

Les opérations binaires usuelles autorisées sur les entiers sont :

- L'addition (+).
- La soustraction (-).
- La multiplication (*).
- La division entière (*div*) : le résultat de la division est un entier.
- La division (/) : le résultat de la division est un réel.

1. En Turbo-Pascal, une directive de compilation existe qui force l'évaluation de tous les termes d'une expression logique.

Tableau 1. — **Les types entiers prédéfinis en Turbo-Pascal.**

Type	Val. mini	Val. maxi	Nbre octets
shortint	-128	127	1
byte	0	255	1
integer	-32768	32767	2
word	0	65535	2
longint	-2147483648	2147483647	4

- Le modulo (*mod*) : le reste de la division entière du premier opérande par le second.

Les caractères sont codés sur huit bits, comme les entiers courts non signés. Mais ces deux types ne sont pas compatibles en PASCAL. L'ensemble des caractères étant énumérable et ordonné, on peut accéder au caractère suivant par la fonction prédéfinie *succ* — pour *successeur* —, et au caractère précédent par la fonction *pred* — pour *prédécesseur*. Pour la même raison, il est possible d'effectuer une boucle avec une valeur initiale et une valeur finale qui sont des caractères. Ainsi, la ligne suivante provoque l'affichage des caractères *'a'* à *'z'* :

for c:='a' **to** 'z' **do** write(c); (9)

Les types réels sont des types scalaires non discrets. Nous ne donnons pas le format en mémoire de ces types, car il dépend très fortement du langage et, pour un langage donné tel que PASCAL, de son implantation. Néanmoins, la représentation des types réels dans plusieurs langages — dont PASCAL — est dite en *virgule flottante*. Elle consiste à décomposer un réel r en une mantisse m et un exposant e, de telle façon que $r = m \times 2^e$. En Turbo-Pascal, un réel standard (*real*) est codé sur six octets avec une précision de douze décimales, et est compris dans l'intervalle $[2.9 \times 10^{-39}..1.7 \times 10^{+38}]$. L'inconvénient principal de la représentation en virgule flottante réside dans les erreurs d'arrondi, qui peuvent atteindre des proportions considérables lors des calculs répétitifs. En outre, il faut être particulièrement vigilant lorsque l'on teste l'égalité de deux réels. Par exemple, il est impossible de déterminer *a priori* la valeur de vérité de l'assertion :[2]

x = sqrt(x) * sqrt(x) (10)

La difficulté, dans ce genre de situation, consiste à déterminer un certain *epsilon* minimal pour lequel on peut montrer que l'assertion qui suit est toujours vraie :

abs(x - (sqrt(x) * sqrt(x))) < epsilon (11)

Pour cette raison, on évite de faire intervenir des nombres réels dans les problèmes classiques de l'algorithmique.

2. **Les types structurés statiques.** — Une chaîne de caractères est une suite de caractères. La représentation des chaînes en mémoire dépend, là encore, du langage et de son implantation. Deux méthodes principales s'opposent. L'une consiste à supposer qu'une chaîne peut être aussi longue que l'on veut, la fin de la chaîne étant signalée par un caractère spécial. Cette convention est en usage dans le langage C et les assembleurs. L'autre, adoptée par toutes les implantations de PASCAL, n'autorise que des chaînes dont la longueur est inférieure ou égale à un maximum donné — 255 en Turbo-Pascal. Avec ce modèle de représentation, la fin de la chaîne n'est pas repérée par un caractère spécial, mais on mémorise la longueur de la chaîne avec la chaîne elle-même. Lorsque l'on accède à la chaîne, c'est-à-dire lorsqu'on la retrouve en mémoire, son adresse donne la position du début de la chaîne. L'octet situé à cette position contient une valeur qui est la longueur de la chaîne. Si cette valeur est L, il suffit de lire le contenu des L octets suivants pour reconstituer la chaîne complète. Cette manipulation

2. La fonction *sqrt* — pour *square root* — retourne la racine carrée de l'argument.

est évidemment faite automatiquement par le compilateur. Considérons l'instruction d'affectation :

S := 'ceci est une chaîne'; (12)

Après cette instruction, la variable S contient la chaîne qui lui est affectée. Pour afficher cette chaîne, il suffit d'exécuter la procédure de sortie à l'écran avec S comme argument — en Turbo-Pascal, un simple *write(S)*. Mais on peut aussi afficher la chaîne caractère par caractère :

for I:=1 **to** ord(S[0]) **do** write(S[I]); (13)

On accède au *ième* caractère de la chaîne S par la notation $S[I]$. Le premier octet situé à l'adresse de S contient la longueur de S. La fonction ord — fonction prédéfinie de Turbo-Pascal — retourne cette longueur. Il faut bien comprendre que $S[0]$ ne donne pas la longueur elle-même, puisque $S[0]$ désigne un caractère; il est nécessaire de convertir ce caractère en un entier, en utilisant la fonction ord. Si, par exemple, on veut afficher la chaîne dans l'ordre inverse, (13) devient, avec $L := ord(S[0])$:

for I:=1 **to** L **do** write(S[L-I+1]); (14)

Cette méthode de représentation des chaînes de caractères souffre d'un défaut majeur : il est impossible de représenter des chaînes de longueur quelconque. En effet, la longueur de la chaîne étant mémorisée avec la chaîne, et cette longueur occupant un certain nombre d'octets, elle est nécessairement limitée par la valeur la plus grande qu'il est possible de représenter avec ce nombre d'octets. En Turbo-Pascal, la longueur d'une chaîne est codée sur un octet; elle ne peut donc être supérieure à 255. Signalons que, par défaut, la longueur d'une chaîne en Turbo-Pascal est la longueur maximale autorisée. Les deux déclarations qui suivent sont donc équivalentes :

var S:string; OU **var** S:string[255]; (15)

Si l'on affecte à S une chaîne comportant plus de 255 caractères, les caractères en plus sont ignorés. Pour déclarer une chaîne de longueur maximale N — avec $N < 256$ —, on utilise la déclaration :

var S:string[N]; (16)

Une seule opération est usuellement autorisée sur les chaînes : la concaténation, dont l'opérateur en Turbo-Pascal est (+). On peut concaténer deux chaînes, ainsi qu'une chaîne et un caractère, ou encore deux caractères. Le résultat est toujours une chaîne. Il est important de remarquer qu'une chaîne comportant un seul caractère n'est pas compatible avec le type caractère. Ainsi, si S est déclarée comme $string[1]$, et si C est un caractère, cette instruction est illégale :

C := S; (17)

En revanche, celle-ci est tout-à-fait correcte, quelle que soit par ailleurs la longueur de S :

C := S[I]; (18)

Les chaînes de caractères peuvent être vues comme une spécialisation du type structuré de données que sont les tableaux. Un tableau est une structure comportant un nombre donné d'éléments du même type. Chaque élément peut être retrouvé en connaissant sa position dans le tableau, et le nombre maximal d'éléments dans un tableau ne peut pas varier durant l'exécution du programme. Pour un tableau donné, ce nombre maximal est défini dans l'en-tête du programme. Considérons tout d'abord les tableaux linéaires dits tableaux *à une dimension*, dans lesquels les éléments sont rangés en ligne. En PASCAL, le programmeur peut choisir l'indice du premier élément d'un tableau, ce qui n'est pas toujours le cas dans les autres langages — en C, par exemple, le premier élément d'un tableau a toujours pour indice 0. La ligne suivante déclare un tableau de Max entiers, dont le premier indice est 1 :

type Tab=**array**[1..Max] **of** integer; (19)

Max est une constante qui doit obligatoirement avoir été définie au préalable. Le compilateur réserve en mémoire la place nécessaire pour stocker autant de tableaux que déclarés dans la section *var* qui suit la section *type*. L'emplacement réservé ne pourra être utilisé par aucune autre variable. Soit, par exemple, $Max = 100$, et soit la ligne :

var T:Tab; (20)

Le compilateur réserve aussitôt en mémoire un emplacement pour y placer un tableau de 100 entiers. Si, au cours de l'exécution du programme, le tableau effectivement manipulé ne contient que 10 éléments, l'emplacement restant libre est perdu et ne peut être récupéré. On voit pourquoi une telle structure est dite *statique*. Le problème est que, lorsque l'on écrit le programme, on ne connaît pas toujours la taille maximale des tableaux qui seront entrés par l'utilisateur du programme. Cette taille ne pouvant absolument pas être augmentée par l'utilisateur, il faut que le programmeur lui alloue une valeur suffisamment élevée. Une démarche naïve est de déclarer des tableaux de taille aussi grande que le permet la mémoire de l'ordinateur, car, d'une part, il faut alors diminuer cette taille si l'on augmente le nombre de tableaux, et, d'autre part, il se peut que les tableaux effectivement manipulés lors de l'exécution n'occupent qu'une faible partie de la mémoire réservée. Ceci étant, les tableaux sont très fréquemment utilisés, et ne posent jamais de problème tant qu'on leur alloue un espace mémoire de dimension raisonnable.

Si un tableau T est déclaré par la ligne (20), il est possible d'accéder à son *ième* élément par la notation $T[I]$ — appelée *sélecteur* du *ième* élément de T. Si, par exemple, on veut recopier tous les éléments d'un tableau $T2$, de taille effective N — N devant être inférieur ou égal à la taille déclarée dans l'en-tête du programme — dans un tableau $T1$ dont les éléments sont de type identique à ceux de $T2$, il suffit d'écrire, à condition toutefois que $T1[N]$ soit défini, c'est-à-dire que la taille maximale de $T1$ soit au moins égale à la taille effective de $T2$:

$$\textbf{for } \text{I:=1 } \textbf{to} \text{ N } \textbf{do} \text{ T1[I]:=T2[I];} \tag{21}$$

Un raccourci existe lorsque $T1$ et $T2$ sont déclarés du même type :

$$\text{T1 := T2;} \tag{22}$$

Ce raccourci est illégal dans tous les autres cas.

Un tableau peut posséder plusieurs dimensions. La ligne qui suit déclare un tableau de caractères à deux dimensions, comportant au maximum 10 lignes et 100 colonnes :

$$\textbf{type} \text{ Tab=}\textbf{array}\text{[1..10,1..100] } \textbf{of} \text{ char;} \tag{23}$$

Si T est de type Tab, on accède à la *ième* ligne et la *jème* colonne de T par la notation $T[I][J]$. En PASCAL, à la différence de C, la notation $T[I, J]$ est également acceptée.

Parmi les autres types structurés statiques fréquemment rencontrés dans les divers langages de programmation, les enregistrements revêtent une importance considérable. Un enregistrement est une structure complexe consistant dans le regroupement de données de types quelconques. Chaque donnée élémentaire composant l'enregistrement est appelée *champ* de l'enregistrement, et chacun de ces champs est nommé par un identificateur de champ. Soit, par exemple, l'enregistrement PASCAL :

```
type Eleve = record
              Nom:string;
              Age:integer;
              end;
```

L'enregistrement $Eleve$ comporte deux champs. Soit X une variable de type $Eleve$. On accède au champ Age de la variable X par le sélecteur $X.Age$. D'une manière générale, on accède au champ Y d'une variable X de type enregistrement par le sélecteur $X.Y$. Dans l'exemple précédent, si $X1$ et $X2$ sont deux variables de type $Eleve$, cette ligne recopie le contenu de $X2$ dans $X1$:

$$\text{X1.Nom := X2.Nom; X1.Age := X2.Age;} \tag{24}$$

Si $X1$ et $X2$ sont déclarés de même type, et seulement dans ce cas, un raccourci possible est :

$$\text{X1 := X2;} \tag{25}$$

Dans ce cas, toutes les valeurs contenues dans les champs de $X2$ sont recopiées dans les champs correspondants de $X1$.

Toutes les opérations autorisées sur un enregistrement sont celles qui peuvent être effectuées sur chacun de ses champs.

D'autres types structurés statiques existent en PASCAL. Par exemple, le type ensemble, muni des opérations fondamentales de la logique ensembliste. Il s'agit-là d'un type peu répandu parmi les langages de programmation, et assez peu utilisé en PASCAL. Il n'est pas utile pour la description des algorithmes fondamentaux que nous étudions dans cet ouvrage.

III. — Les types dynamiques

1. **Les fichiers.** — Un fichier est une séquence linéaire de données qui sont toutes du même type. Ce type n'est pas quelconque. Il n'existe pas, notamment, de fichier dont les données sont elles-mêmes des fichiers. Pour cette raison, on dit qu'un fichier est une structure dynamique linéaire non récursive. Elle est dynamique car, contrairement à tous les types que nous avons décrits jusqu'à présent, un fichier peut être modifié en taille au cours de l'exécution du programme, et occuper plus ou moins d'espace sur son support, jusqu'à utiliser tout l'espace disponible. Le support physique d'un fichier est généralement constitué d'un disque ou d'une bande magnétique, qui sont des supports sur lesquels on

peut lire et écrire des informations.[3] Du fait que les supports physiques des fichiers possèdent une capacité généralement très supérieure à celle de la mémoire centrale d'un ordinateur, avec, hélas, un temps d'accès lui aussi beaucoup plus important, leur gestion s'avère complexe. Une solution quasiment universelle consiste à charger en mémoire le fichier sur lequel on veut travailler bloc par bloc, dans une zone tampon de la mémoire que l'on nomme *buffer*. Toutes les opérations de lecture et d'écriture sont ensuite effectuées dans ce tampon.

PASCAL propose deux types fondamentaux de fichiers, qui sont les fichiers texte et les fichiers typés. Les premiers peuvent être vus comme une suite de lignes de texte, auxquelles on accède de manière séquentielle. Les seconds sont des séquences linéaires de données du même type, et sont munis de plus de primitives de manipulation que les précédents : accès direct à un élément de rang donné, calcul du nombre total d'éléments, etc. La ligne suivante définit *F* comme un fichier typé d'entiers :

var F:**file of** integer; (26)

Nous nous intéresserons plus précisément aux fichiers texte, qui sont plus représentatifs de la notion de fichier telle qu'on la définit classiquement en informatique. Cette ligne définit F comme un fichier texte :

var F:text; (27)

En première approximation, un fichier texte peut être vu comme un fichier typé de caractères. Mais les deux types ne sont pas compatibles dans toutes les implantations de PASCAL. Ainsi, les lignes (27) et (28) ne sont pas équivalentes en Turbo-Pascal.

var F:**file of** char; (28)

3. Au début des années 90, est apparu sur le marché de la micro-informatique un support non-magnétique de très grande capacité, utilisable en lecture seulement : le CD-ROM.

On dispose en PASCAL des primitives suivantes sur les fichiers :

- Ouverture en lecture (*reset*) : si le fichier est de type texte, alors il est impossible d'écrire dans ce fichier; s'il n'est pas de type texte, on peut y écrire, même s'il a été ouvert en lecture; le pointeur de fichier est positionné sur le premier élément du fichier.
- Ouverture en écriture (*rewrite*) : si le fichier n'existe pas, il est créé; s'il existe, son contenu est perdu; si le fichier est de type texte, il n'est pas possible de lire à partir du fichier s'il est ouvert en écriture.
- Lecture séquentielle de l'élément suivant (*read* pour tous les fichiers; *readln* pour les fichiers texte) : l'élément sur lequel pointe le pointeur de fichier est retourné en argument; puis ce pointeur pointe sur l'élément suivant, sauf si la fin du fichier est atteinte.
- Ecriture séquentielle d'un élément (*write* pour tous les fichiers; *writeln* pour les fichiers texte) : l'élément est ajouté à la fin du fichier.
- Indicateur de fin de fichier (*eof*) : fonction qui retourne *true* si la fin du fichier est atteinte; *false* sinon.
- Indicateur de fin de ligne (*eoln*; pour les fichiers texte seulement) : fonction qui retourne *true* si la fin d'une ligne ou la fin du fichier est atteinte; *false* sinon.
- Fermeture (*close*) : le fichier est fermé; s'il a été ouvert en écriture, le contenu du buffer qui lui a été affecté est sauvegardé sur le support physique associé au fichier.
- Indicateur d'erreur (*ioresult*) : une fonction qui retourne un code après toute opération sur un fichier; s'il n'y a pas eu d'incident, la fonction retourne 0.

Dans un programme, un fichier est désigné par un nom dit *logique*, qui n'est pas le nom réel du fichier tel qu'il est archivé sur son support. Avant toute opération sur un fichier, il faut associer un nom de fichier physique à un nom logique. Cette opération se nomme *assignation*. En PASCAL, la ligne suivante associe le nom logique F au fichier de nom physique $Filename$:

$$\text{assign(F,Filename);} \tag{29}$$

Dans toute la suite du programme, le nom $Filename$ n'a plus à être utilisé. En règle générale, l'existence du fichier n'est pas vérifiée lors de l'assignation.

Un fichier texte étant constitué de lignes, et chaque ligne de caractères, on peut lire un tel fichier ligne après ligne, ou caractère par caractère. Dans le premier cas, il suffit de lire toutes les lignes jusqu'à atteindre la fin du fichier. Si F a été déclaré comme fichier texte, la procédure qui suit effectue cette lecture en affichant les lignes lues :

```
procedure lecture1(var F:text);
var Ligne:string;
begin
     reset(f);
     while not(eof(F)) do
          begin
          readln(F,Ligne);
          writeln(Ligne);
          end;
     close(F);
end;
```

Dans la procédure précédente, chaque ligne est lue d'un seul bloc. On peut aussi avancer dans le fichier caractère par caractère :

```
procedure lecture2(var F:text);
var Car:char;
begin
     reset(f);
     while not(eof(F)) do
          begin
```

```
            while not(eoln(F)) do
                    readln(F,Car);
                    write(Car);
                    end;
            readln(F);
            writeln;
            end;
    close(F);
end;
```

Remarquons que, toutes les fois où l'on atteint la fin d'une ligne — la fonction *eoln(F)* retourne alors la valeur *true* —, on effectue un appel à *readln(F)* pour que le pointeur de fichier se place sur le premier caractère de la ligne suivante.

Il est essentiel de ne jamais oublier de fermer un fichier ouvert avant de quitter le programme. Si le fichier a été ouvert en lecture et s'il s'agit d'un fichier texte, un oubli est sans conséquence. Dans tous les autres cas, le buffer associé au fichier n'est pas sauvegardé sur le support physique dont il provient, et toutes les écritures réalisées depuis la dernière sauvegarde automatique de ce buffer sont perdues.

2. **Les pointeurs.** — Un pointeur est un objet donnant l'adresse d'un autre objet. Par *adresse*, il faut entendre que le pointeur contient la position du début de l'emplacement mémoire occupé par l'objet sur lequel il pointe. Le format d'une adresse, et la place que cette adresse occupe elle-même en mémoire, dépendent de l'ordinateur et du système d'exploitation utilisés. Il est important de comprendre que le type pointeur n'est compatible qu'avec lui-même. Il existe des pointeurs non typés et des pointeurs typés. Les premiers sont des pointeurs génériques qui pointent sur une case mémoire en particulier, sans connaître le type de la variable stockée dans cette case ou à partir de cette case. En Turbo-Pascal, ces pointeurs sont déclarés avec le type *pointer* :

```
var P:pointer;
```
(30)

Supposons que l'on déclare *P* ainsi, et que l'on définisse une chaîne *S* à laquelle on affecte une valeur quelconque — par exemple celle de la ligne (12). La fonction prédéfinie *addr* retourne l'adresse de son argument. Par conséquent, la ligne qui suit stocke l'adresse du premier octet de *S* dans *P* :

```
P := addr(S);                                   (31)
```

L'opérateur (@) produit le même résultat que la fonction *addr*. La ligne qui suit est équivalente à la précédente :

```
P := @S;                                        (32)
```

P pointe donc sur le premier octet de l'emplacement mémoire occupé par la chaîne *S*. Nous avons vu plus haut que ce premier octet contient la longueur de la chaîne. Par conséquent, à l'adresse *P*, on trouve la longueur de *S*. A l'adresse suivante, c'est-à-dire dans la case mémoire qui suit immédiatement celle pointée par *P*, on trouve le code ASCII du premier caractère de *S*, etc. Dans la mesure où *P* est un pointeur non typé, il est impossible d'accéder globalement à la variable stockée à l'adresse *P*, puisque le type de cette variable n'est pas connu.

Les pointeurs typés fonctionnent de manière différente. Si, par exemple, on veut déclarer un pointeur adressant une chaîne de caractères, on écrit :

```
var P:↑string;                                  (33)
```

Le caractère ↑ qui précède le type *string* signale que *P* est un pointeur sur une chaîne. La notation *P* ↑, dans laquelle le caractère ↑ suit la variable de type pointeur, permet d'accéder à la variable adressée par *P*. Si l'on veut stocker à l'adresse *P* une chaîne, il suffit d'écrire :

```
P↑ := 'ceci est une chaîne';                    (34)
```

Comparons les instructions d'affectation (12) et (34). Dans la première, une chaîne est affectée à la variable *S*. L'adresse de cette variable est retournée par @*S*. Dans la seconde, une chaîne est mémorisée à l'adresse donnée

P. On a accès à cette chaîne par le sélecteur $P\uparrow$. Dans le cas de l'instruction (12), la gestion de la mémoire par le langage reste totalement transparente pour l'utilisateur. En réalité, que fait le compilateur ? Avant d'affecter à S la valeur donnée, il faut d'abord vérifier qu'il existe en mémoire une place suffisante pour stocker cette valeur. Si cette place est trouvée, la variable y est stockée, et son adresse est mémorisée car, en fait, le langage retrouve les variables d'un programme grâce à leur adresse, et pas du tout grâce à leur nom, qui lui est indifférent. En revanche, dans le cas de l'instruction (34), il est clair que, avant qu'elle ne soit exécutée, P contient une certaine valeur, qui peut être aléatoire ou non, selon que l'utilisateur a ou n'a pas initialisé le pointeur. Si cette valeur est aléatoire, rien n'assure qu'à l'adresse désignée par cette valeur, il existe un emplacement libre, c'est-à-dire non utilisé par une autre variable, dans lequel puisse être stockée la chaîne figurant dans l'instruction. C'est donc à l'utilisateur de s'assurer que P pointe vers une zone mémoire disponible, avant d'exécuter (34). En PASCAL, cette tâche est assurée par la procédure *new*. L'instruction suivante doit précéder la ligne (34) dans un programme :

```
new(P);                                        (35)
```

La procédure *new* se charge très exactement d'effectuer les opérations fastidieuses qui incombent normalement au programmeur. L'adresse pointée par P devant contenir une variable dont le type est connu — grâce à une déclaration telle que (33) —, la taille de la zone mémoire à rechercher est parfaitement déterminée. La procédure effectue cette recherche et, en cas de succès, retourne l'adresse de l'emplacement mémoire disponible dans la variable P. A partir de cet instant, la zone mémoire pointée par P est réservée, c'est-à-dire qu'un appel ultérieur à la procédure *new* ne pourra pas réallouer cette zone à une autre donnée. On voit que les variables ainsi créées le sont durant l'exécution du programme, et que l'emplacement qu'elles occupent varie au cours de cette exécution. C'est pourquoi de telles variables sont dites *dynamiques*.

En PASCAL, les variables dynamiques occupent une zone mémoire spéciale, complétement gérée par le langage, que l'on nomme le *tas* (*heap*). En Turbo-Pascal, on peut spécifier dans l'en-tête d'un programme les tailles minimale et maximale de ce tas. La taille minimale est la taille qui lui est réservée par défaut au lancement du programme. Au fur et à mesure de la création de variables dynamiques au cours de l'exécution, la taille du tas augmente. Une erreur survient lorsque cette taille est sur le point de dépasser la taille maximale fixée par le programmeur.

L'utilisation de variables dynamiques permet, d'une part d'écrire des algorithmes souples qui gèrent au mieux la mémoire de l'ordinateur sur lequel ils sont implémentés et, d'autre part, autorise la définition de structures de données qui n'existent pas explicitement en PASCAL, et sans lesquels de nombreux algorithmes seraient irréalisables en pratique. Son défaut principal est qu'elle oblige le programmeur à être vigilant, et qu'elle suppose de lui qu'il accepte de s'intéresser un tant soit peu à la façon dont le langage gère la mémoire de l'ordinateur. Nous allons décrire quelques cas classiques d'erreurs dues à un manque de vigilance des programmeurs néophytes. Pour aider à la compréhension de ces erreurs, nous ferons appel à une représentation schématique, dans laquelle un carré représentera un pointeur, et un carré double l'objet désigné par ce pointeur. Par exemple, la figure (1) est la représentation de l'instruction (35).

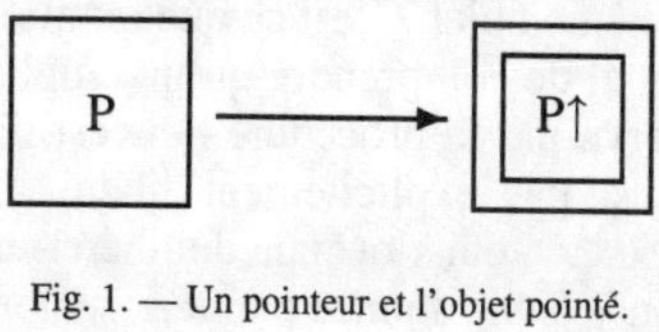

Fig. 1. — Un pointeur et l'objet pointé.

Supposons que l'on répète une seconde fois l'instruction (35). Un second emplacement mémoire est réservé, et son adresse est placée dans P, écrasant l'adresse de l'emplacement mémoire précédemment pointé. La figure (2) montre que cet emplacement mémoire existe toujours, mais que l'on ne peut plus y avoir accès, puisque l'on a perdu son adresse.

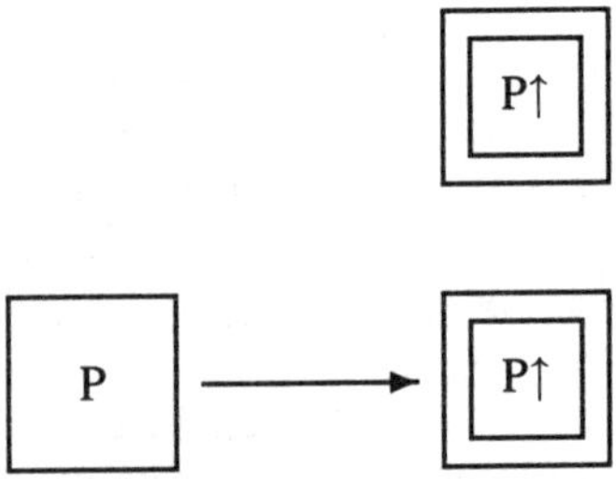

Fig. 2. — Un objet sans pointeur.

Plus simplement, la donnée est toujours là, mais on ne sait plus où. Si l'on veut éviter de perdre une adresse, il faut la mémoriser. On a donc la séquence d'instructions (36), à laquelle correspond la figure (3).

new(P);Q := P;new(P); (36)

Après l'exécution des instructions (36), Q pointe sur l'emplacement mémoire réservé lors du premier appel à la procédure *new*, tandis que P pointe sur la dernière zone mémoire réservée. Si, dans (36), on supprime le second appel à la procédure *new*, P et Q sont deux pointeurs désignant le même objet. C'est ce que montre la figure (4).

Il est essentiel de comprendre qu'un emplacement de la mémoire réservé par la procédure *new* est réputé occupé, tant qu'il n'est pas explicitement libéré. La procédure standard en PASCAL qui s'occupe de libérer une zone de la mémoire allouée à une donnée par *new*, se nomme *dispose*.

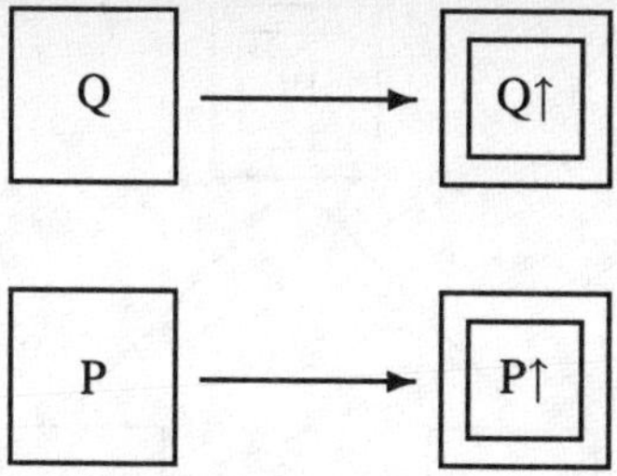

Fig. 3. — Deux pointeurs sur deux objets.

Elle reçoit en argument l'adresse de la zone mémoire à libérer. Soit par exemple la séquence d'instructions :

new(P);P↑ := 'ceci est une chaîne';dispose(P); (37)

Après l'appel de la procédure *new*, *P* contient l'adresse d'une zone de la mémoire pouvant recevoir la donnée pointée par *P*. Cette donnée est une chaîne de caractères, que l'on stocke aussitôt à partir de l'adresse *P*. Puis on libère l'emplacement occupé par la chaîne. Après l'appel de la procédure *dispose*, la chaîne est toujours en mémoire, mais elle n'est plus adressable, et l'emplacement qu'elle occupe n'est plus réservé. Cet emplacement est donc libéré. En principe, il serait judicieux que la procédure *dispose* retournât une valeur modifiée de *P*, indiquant explicitement que *P* ne pointe plus sur rien. La constante pointeur *nil* est prévue dans ce cas mais, en Turbo-Pascal, elle n'est pas affectée à *P* par la procédure *dispose*. Cela signifie que, au retour de cette procédure, *P* pointe toujours vers la zone mémoire qui vient d'être libérée. Cependant, la donnée stockée dans cette zone doit être considérée comme perdue. Ainsi, la séquence d'instructions suivantes n'a aucun sens :

dispose(P);writeln(P↑); (38)

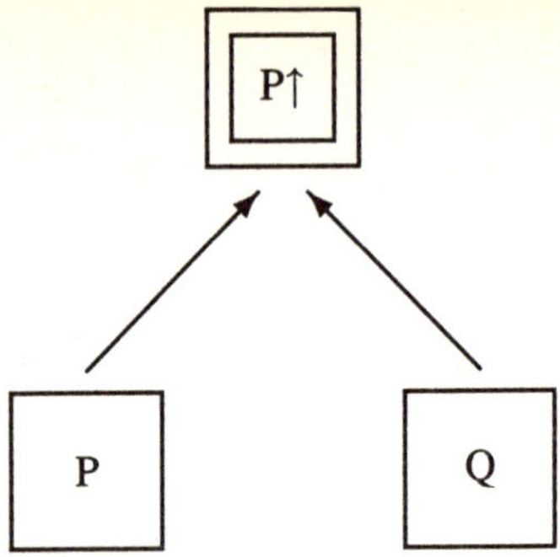

Fig. 4. — Deux pointeurs sur le même objet.

La constante pointeur *nil* doit être utilisée toutes les fois où l'on veut être assuré qu'un pointeur ne pointe vers aucun emplacement mémoire. Il suffit d'écrire :

P := nil; (39)

Voici encore un cas de confusion fréquemment entraîné par un manque de rigueur dans l'emploi des procédures *new* et *dispose*. Soit un type pointeur $PtrInt$ pointant sur un entier :

type PtrInt=↑integer; (40)

Soit la séquence d'instructions qui suit, dans laquelle P et Q sont des pointeurs de type $PtrInt$:

new(P);P↑ := 123; Q := P; dispose(Q); (41)

La procédure *new* commence par rechercher en mémoire un emplacement libre de deux octets — car les entiers sont codés sur deux octets — et, cet emplacement trouvé, en place la position dans P. Puis l'entier 123 est stocké à l'emplacement pointé par P. La valeur contenue dans P, c'est-à-dire l'adresse de la zone mémoire où est situé l'entier 123, est recopiée dans la variable pointeur Q. Enfin, la procédure *dispose* libère l'emplacement mémoire réservé par *new*. Que l'on comprenne bien que, dorénavant, le pointeur P, pas plus que le pointeur Q, ne permet d'accéder à la zone mémoire qui a contenu, et contient d'ailleurs encore, la donnée entière 123.

3. **Les listes.** — Les pointeurs permettent de définir des structures de données qui n'existent pas explicitement en PASCAL, mais qui présentent un grand intérêt. Ce sont les listes, les arbres et les graphes. Ces deux dernières structures, en particulier, sont si riches qu'elles font l'objet d'un chapitre. Nous nous intéressons ici aux listes, qui sont les plus simples de ces trois types de structures dynamiques récursives. Une liste est une suite linéaire d'éléments du même type. Le composant élémentaire d'une liste est généralement nommé *cellule* : c'est le maillon de la liste. Chaque cellule contient une ou plusieurs informations dont la nature dépend du problème traité. A la limite, ces informations peuvent être omises mais, pour que l'on puisse parler de liste, il faut que chaque cellule recèle au moins une donnée essentielle, qui est l'adresse de la cellule suivante dans la liste. On accède à une cellule quelconque de la liste en connaissant l'adresse de cette cellule. Dès lors que l'on a réussi à accéder à l'une des cellules, on peut remonter les maillons jusqu'au bout de la chaîne. Une liste simple est donc caractérisée par une cellule de rang 1 dans la liste — c'est la *tête* de la liste — et une cellule qui termine la liste — la *queue* de la liste —, selon la figure (5).

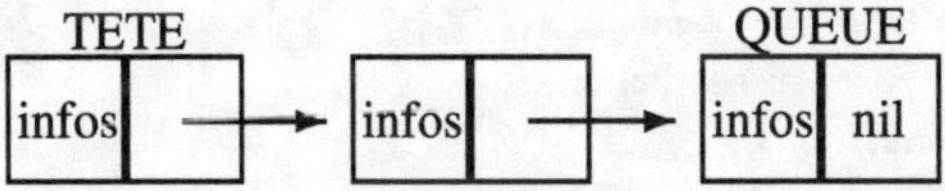

Fig. 5. — Une liste simple.

La définition d'une liste simple est évidemment récursive :

```
type Liste = ↑Cellule;
     Cellule = record
               ... /* une ou plusieurs */
               ... /* informations ici */
               Suite:Liste;
               end;
```

Ainsi définie, une cellule est un enregistrement constitué d'un nombre de champs supérieur ou égal à 1, l'un des champs contenant un pointeur pointant sur une structure de type cellule. Pour fixer les idées, imaginons une liste de chiffres, chaque cellule possédant deux champs, l'un contenant un chiffre — en fait un entier court non signé sur un octet —, et l'autre un pointeur sur la cellule suivante. La déclaration correspondante est simplement :

```
type Liste = ↑Cellule;
     Cellule = record
               Chiffre:byte;
               Suite:Liste;
               end;
```

Réalisons une procédure qui affiche tous les chiffres d'une liste donnée :

```
procedure lview(L:Liste);
begin
     if L<>nil
        then begin
             write(L↑.Chiffre,' ');
             lview(L↑.Suite);
             end
        else writeln;
end;
```

Cette procédure est récursive terminale. Elle peut être très aisément réécrite en une procédure itérative, mais cela n'est pas une nécessité. Si l'on considère la liste donnée par la figure (6), la procédure *lview* affiche tout simplement les chiffres 1, 2 et 3. Cependant, il faut bien comprendre qu'il est essentiel de passer à *lview* un pointeur sur le premier élément de la liste. Un pointeur permettant d'accéder à une liste est un *point d'entrée* sur la liste. Dans le cas d'une liste simple, on est certain de pouvoir parcourir toute la liste seulement si on a un point d'entrée sur le premier élément de la liste. Si on dispose seulement d'un pointeur sur le *nième* élément d'une liste, les *(n-1)* premiers éléments ne sont pas accessibles.

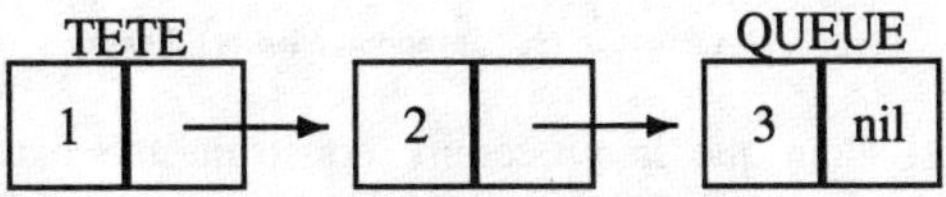

Fig. 6. — Une liste de 3 chiffres.

Il est essentiel de toujours garder à l'esprit qu'il existe plusieurs points d'entrée possibles dans une liste — autant qu'il y a de cellules dans cette liste —, et que le choix du meilleur d'entre eux ne peut être déterminé *a priori*. Considérons, par exemple, la procédure *ladd*, qui ajoute un entier à une liste de chiffres telle qu'elle a été définie précédemment :

```
procedure ladd(var L:Liste;C:byte);
var Ptr:Liste;
begin
        new(Ptr);
        Ptr↑.Chiffre:=C;
        Ptr↑.Suite:=L;
        L:=Ptr;
end;
```

Cette procédure construit une nouvelle cellule, dans laquelle est mémorisée la donnée reçue en deuxième argument. Si, à l'entrée dans la procédure, *L* est un point d'entrée sur la tête de la liste, cette valeur change pour recevoir l'adresse de la cellule créée, qui pointe vers la cellule initialement en première position. En résumé, à l'entrée comme à la sortie, *L* pointe sur la tête de la liste. Si on appelle la procédure *ladd* avec la liste de la figure (6) et le chiffre 4 en deuxième argument, on obtient la liste de la figure (7).

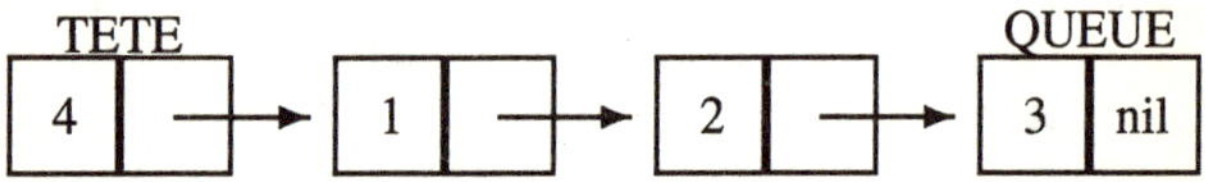

Fig. 7. — Liste inversée par rapport à l'ordre d'entrée.

Il est clair que la procédure construit une liste dans l'ordre inverse de l'ordre d'entrée des éléments. Si l'on veut préserver cet ordre, et obtenir la liste de la figure (8), il faut un point d'entrée sur le dernier élément de la liste. Mais le programme qui appelle la procédure doit nécessairement conserver un point d'entrée sur l'élément de tête, de façon à pouvoir parcourir toute la liste. Si l'on veut éviter d'avoir à manipuler deux points d'entrée pour la liste, et ne conserver que le point d'entrée sur la tête, il faut, toutes les fois où l'on ajoute un élément, parcourir toute la liste jusqu'à la queue pour y accrocher ce nouvel élément. La procédure correspondante est :

```
procedure ladd(var L:Liste;C:byte);
var Ptr:Liste;
begin
        new(Ptr);
        if L<>nil
          then begin
                 while L↑.Suite<>nil do L:=L↑.Suite;
                 L↑.Suite:=Ptr;
                 Ptr↑.Chiffre:=C;
                 Ptr↑.Suite:=nil;
```

```
        end
    else begin
        L:=Ptr;
        L↑.Chiffre:=C;
        L↑.Suite:=nil;
        end;
end;
```

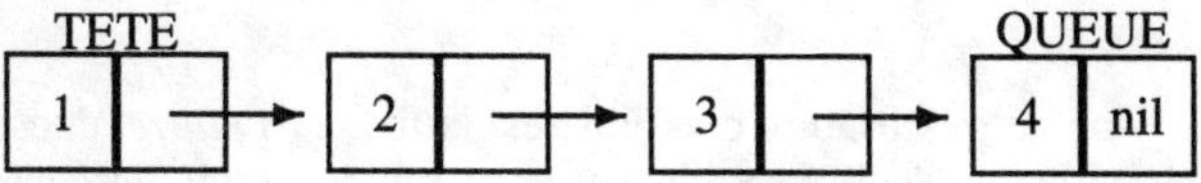

Fig. 8. — Liste dans l'ordre d'entrée.

Si, à l'appel de la procédure, la liste ne contient aucun élément — c'est-à-dire si $L = nil$ —, une liste à une cellule est créée. Sinon, le nouvel élément est ajouté à la fin de la liste.

Toutes les listes précédentes sont des listes simples. Chaque cellule pointe vers la cellule suivante, et l'on ne peut parcourir toute la liste qu'à condition d'avoir un point d'entrée sur la tête de la liste. On peut tout-à-fait imaginer une liste dans laquelle chaque cellule pointe également sur la cellule qui la précède. Une telle liste est dite *doublement chaînée*. Il lui correspond la figure (9).

Fig. 9. — Une liste doublement chaînée.

L'intérêt d'une telle liste est que, possédant un point d'entrée sur une cellule quelconque, on accède à tous les éléments de la liste en la parcourant dans les deux sens. Le seul inconvénient est que chaque cellule occupe davantage de place en mémoire, puisqu'elle comporte deux pointeurs au lieu d'un seul. La définition d'une liste doublement chaînée est sans surprise :

```
type Liste = ↑Cellule;
     Cellule = record
                 ... /* une ou plusieurs */
                 ... /* informations ici */
                 Preced,Suite:Liste;
               end;
```

Une autre variation classique est la liste *circulaire*, dans laquelle toute cellule pointe sur une cellule, éventuellement elle-même si la liste ne contient qu'un élément. Elle peut être simplement ou doublement chaînée. La figure (10) montre une liste circulaire simplement chaînée.

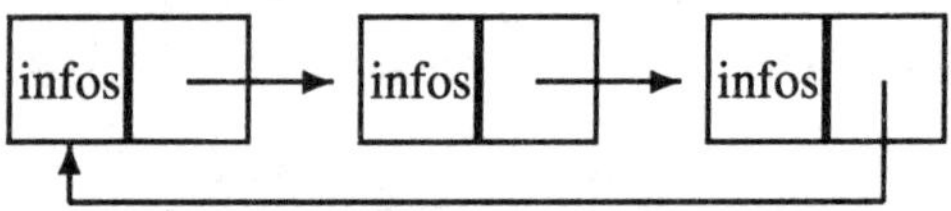

Fig. 10. — Une liste circulaire simple.

Comme la liste doublement chaînée, la liste circulaire peut être complètement parcourue avec un point d'entrée sur l'une quelconque de ses cellules. Son avantage est que les cellules occupent moins de place en mémoire, puisqu'elles ne contiennent qu'un pointeur. Il n'y a ni tête, ni queue, dans une liste circulaire. Pour ajouter un élément, il faut casser la liste, et la recoller en y insérant la nouvelle cellule. Avec une liste de chiffres telle que celle de la figure (6), la procédure correspondante s'écrit :

```
procedure ladd(var L:Liste;C:byte);
var Ptr,Temp:Liste;
begin
    new(Ptr);
```

```
    if L<>nil
      then begin
            Temp:=L↑.Suite;
            L↑.Suite:=Ptr;
            Ptr↑.Chiffre:=C;
            Ptr↑.Suite:=Temp;
            end
      else begin
            L:=Ptr;
            L↑.Chiffre:=C;
            L↑.Suite:=L;
            end;
end;
```

Pour parcourir une seule fois tous les éléments d'une liste circulaire, il n'est pas nécessaire de connaître le nombre de cellules de la liste. Il suffit de parcourir la liste jusqu'à ce que la cellule en cours pointe sur la première cellule. Par exemple, la procédure *lview* qui suit affiche tous les éléments d'une liste circulaire de chiffres :

```
procedure lview(L:Liste);
var First:Liste;
begin
      First:=L;
      if L=nil
        then write('La liste est vide'.)
        else repeat
                  write(L↑.Chiffre,' ');
                  L:=L↑.Suite;
             until L=First;
      writeln;
end;
```

Il est facile de transformer une liste simple en une liste circulaire. Avec un point d'entrée sur le premier élément de la liste, la procédure s'écrit :

```
procedure simpleTocirc(L:Liste);
```

```
var First:Liste;
begin
      if L=nil
        then writeln('La liste est vide.')
        else begin
              First:=L;
              while L↑.Suite<>nil do L:=L↑.Suite;
              L↑.Suite:=First;
              end;
end;
```

La transformation inverse ne présente pas davantage de difficulté :

```
procedure circTosimple(L:Liste);
var First:Liste;
begin
      if L=nil
        then writeln('La liste est vide.')
        else begin
              First:=L;
              while L↑.Suite<>First do L:=L↑.Suite;
              L↑.Suite:=nil;
              end;
end;
```

Le lecteur qui découvre ces notions s'interroge peut-être sur leur intérêt. Illustrons-le brièvement sur un exemple. Supposons que, dans le cadre d'un problème d'arithmétique, on ait besoin de manipuler des entiers très grands, comportant plusieurs centaines, voire plusieurs milliers de chiffres. Aucune implantation de PASCAL et, à notre connaissance, aucun langage, ne possède de tels types prédéfinis. Une idée possible, et qui fonctionne d'ailleurs à merveille, est de représenter un entier sous forme d'une liste de chiffres, et d'écrire les procédures réalisant les opérations de base sur ce type d'entiers. Ceci fait, les entiers que l'on pourra manipuler seront aussi grands que le permettra la taille maximale du tas alloué aux variables dynamiques.

Chapitre III

ARBRES ET GRAPHES

I. — Les arbres

1. **Définitions.** — Un arbre est une structure formée de *nœuds* et de *liens*, et définie récursivement. C'est un ensemble fini de nœuds, tels que chaque nœud est en relation avec un arbre, dit *sous-arbre* de ce nœud. Les nœuds sont organisés en *niveaux*, et des liens unissent les nœuds d'un niveau à un autre. Les nœuds d'un même niveau ne sont pas liés entre eux. Parmi tous les nœuds, l'un occupe une place particulière : la *racine*, à partir de laquelle on construit récursivement tout l'arbre. La figure (1) montre un arbre tel qu'on le représente conventionnellement.

Dans une telle représentation, la racine est toujours placée sur l'horizontale la plus haute, et les nœuds de même niveau sont figurés sur une même horizontale. Un nœud x est dit *père* d'un nœud y, si x est lié à y, et si x se trouve au niveau immédiatement supérieur à celui de y; y est dit *fils* de x. Un nœud x est dit *ascendant* ou *ancêtre* d'un nœud y, s'il existe un sous-arbre issu de x contenant y; y est un nœud *descendant* de x. Un nœud qui n'a pas de fils est appelé *nœud externe* ou *feuille*. Un nœud qui possède au moins un fils est dit *interne*. Deux nœuds qui possèdent le même père sont appelés *frères*. On appelle *chemin* d'un nœud x à un nœud y, toute suite de nœuds telle que le premier terme est x, le dernier terme est y, et chaque terme est le père ou un fils du terme précédent. Tout chemin menant de la racine

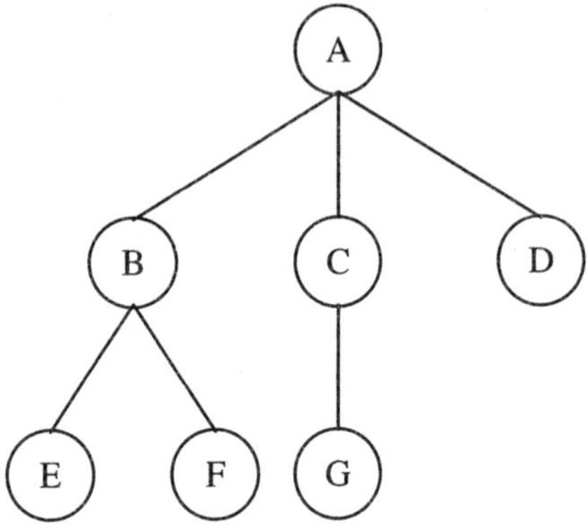

Fig. 1. — Représentation conventionnelle d'un arbre.

d'un arbre à l'une quelconque de ses feuilles est nommé *branche*. La *hauteur* d'un nœud x, que l'on appelle aussi *niveau* ou *profondeur*, est la hauteur de son père augmentée de 1; la racine a pour hauteur 0. La hauteur du nœud le plus profond de l'arbre donne la hauteur ou profondeur de l'arbre. On appelle *taille* d'un arbre le nombre total de ses nœuds. L'arbre représenté par la figure (1) a pour racine A, sa hauteur est égale à 2 et sa taille vaut 7.

Les définitions qui suivent sont appliquées généralement aux arbres binaires, mais il est possible de les généraliser. Un arbre est dit *dégénéré* si chacun de ses nœuds ne possède qu'un et un seul fils — excepté le nœud le plus profond, qui n'en possède aucun. Un arbre est *complet* si ses nœuds possèdent tous le même nombre de fils et si toutes ses feuilles ont la même hauteur. Il est *parfait*, si tous les niveaux, sauf le dernier, sont complets; tous les nœuds du dernier niveau doivent être regroupés à gauche. Un arbre est dit *équilibré* si, pour chacun de ses nœuds, la différence de hauteur entre le sous-arbre le plus haut et le moins haut n'excède pas une unité.

2. **Arbres binaires.** — Nous nous intéressons ici à ce que l'on peut considérer en première approche comme une forme particulière des arbres : les arbres binaires, dans lesquels chaque nœud possède deux fils au plus. L'arbre de la figure (1) n'est pas binaire, car le nœud A possède trois fils. Celui de la figure (2) est binaire.

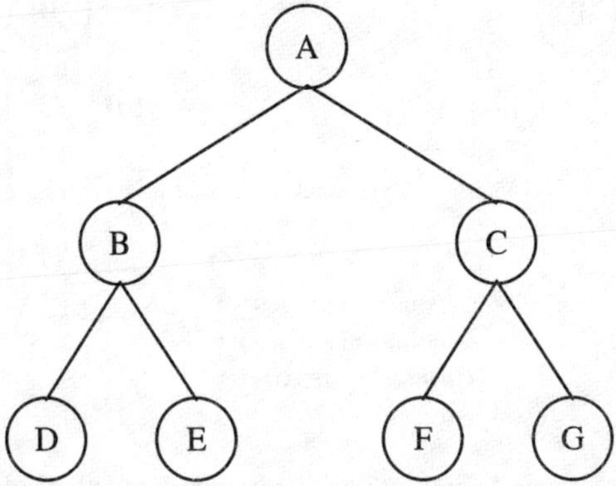

Fig. 2. — Un arbre binaire.

Si l'on adopte la représentation conventionnelle de la figure (2), on comprend que les deux liens qui unissent les deux fils à leur père ne sont pas superposables, et que l'on est amené à différencier les arbres (a) et (b) de la figure (3).

Si les mêmes arbres sont considérés comme des arbres généraux, ils ne sont plus nécessairement distincts. L'arbre binaire est plus qu'une simple particularisation des arbres généraux. Le lien $A - B$ de l'arbre (a) de la figure (3) est dit *à gauche*, tandis que celui de l'arbre (b) est dit *à droite*.

En PASCAL, la définition d'un arbre binaire est récursive :

```
type Arbre = ↑Nœud;
     Nœud = record
```

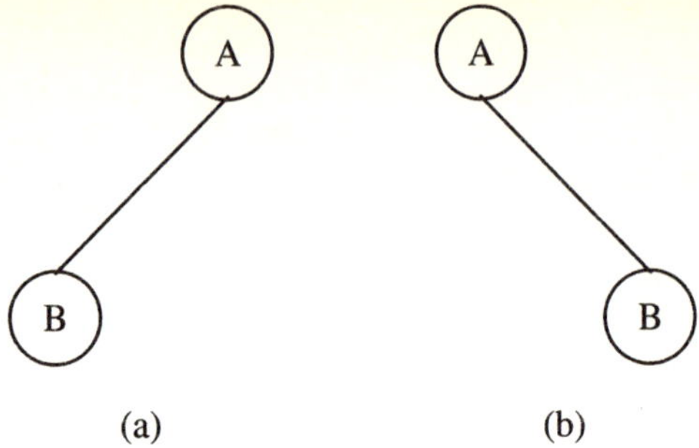

Fig. 3. — Deux arbres binaires distincts.

```
... /* une ou plusieurs */
... /* informations ici */
Gauche,Droite:Arbre;
end;
```

Chaque nœud contient une ou plusieurs informations, que l'on nomme généralement *clés*, et deux pointeurs, l'un sur le sous-arbre gauche issu de ce nœud, l'autre sur son sous-arbre droit. En termes de pointeurs, l'arbre de la figure (2) est représenté par la figure (4).

Supposons un arbre donné. Un problème classique est celui qui consiste à parcourir tous les nœuds de l'arbre pour y chercher les informations qu'ils contiennent. Pour fixer les idées, reprenons l'arbre de la figure (2). En première approche, on peut distinguer deux méthodes qui assurent que tout l'arbre sera parcouru. La première, dite *en largeur*, consiste à examiner tous les nœuds situés sur un même niveau, de la gauche vers la droite. La seconde, dite *en profondeur avec retours en arrière*, consiste à parcourir toutes les branches jusqu'aux feuilles, et à remonter au dernier embranchement rencontré lorsque l'on ne peut plus descendre. Avec l'arbre de la figure (2), ces deux méthodes

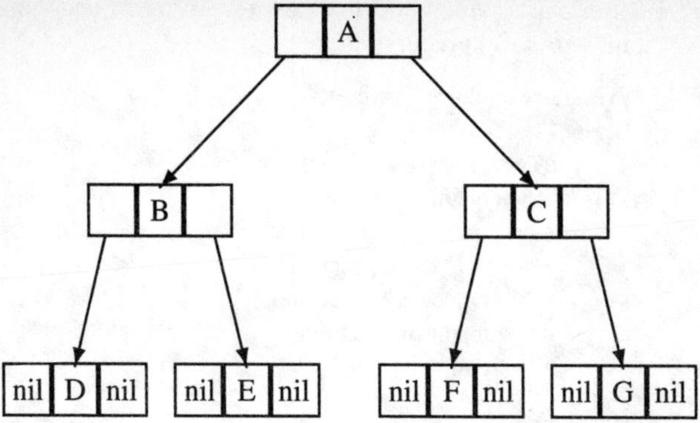

Fig. 4. — Un arbre binaire représenté par des pointeurs.

examinent respectivement les nœuds A, B, C, D, E, F, G et A, B, D, E, C, F, G. Avec un peu d'attention, on réalise qu'il existe plusieurs variantes du parcours en profondeur :

- On examine le contenu du nœud en cours, et on explore le sous-arbre gauche, puis le sous-arbre droit; cette méthode, dite *en préordre*, ou *préfixe*, ou encore *top-down*, est la plus usitée; lorsque nous parlerons de parcours en profondeur sans plus de précision, il faudra comprendre qu'il s'agit de parcours top-down; avec la figure (2), on obtient le résultat précédent.

- On explore les fils avant le père; il s'agit d'un parcours ascendant, dit *en postordre*, ou *postfixe*, ou encore *bottom-up*; avec l'arbre de la figure (2), on obtient : D, E, B, F, G, C, A.

- On parcourt le sous-arbre gauche, puis on examine le contenu du nœud en cours, et enfin on explore le sous-arbre droit; on parle de méthode *infixe*; avec l'arbre de la figure (2), on a : D, B, E, A, F, C, G.

En PASCAL, la méthode top-down se programme sans difficulté grâce à la récursivité :

```
procedure topdown(T:Arbre);
begin
        if T<>nil
          then begin
                  ... /* traitement sur */
                  ... /* les infos ici */
                  topdown(T↑.Gauche);
                  topdown(T↑.Droite);
                  end;
end;
```

Le parcours en largeur d'un arbre est itératif par nature. Il se fait en mémorisant les nœuds d'un même niveau au fur et à mesure que l'on progresse de la gauche vers la droite. On place l'adresse de ces nœuds dans un tableau ou, mieux, dans une liste. Toutes les fois où l'on atteint la fin du tableau ou de la liste, on recommence en mémorisant les fils gauche et droit des nœuds du niveau précédent, qui sont ceux dont l'adresse a été placée dans le tableau ou la liste au tour précédent. On arrête lorsqu'il n'existe plus aucun fils. [1] En fait, cette stratégie est assez rarement utilisée car, dans presque tous les langages évolués actuellement disponibles, la récursivité existe en standard et permet de programmer très aisément les diverses stratégies de parcours en profondeur. Toutefois, dans le cas où l'on veut absolument explorer tous les nœuds d'un arbre, les deux méthodes — profondeur et largeur — se valent, aux contraintes techniques près inhérentes à l'une et à l'autre. En revanche, lorsqu'il s'agit de rechercher une information dans un arbre, il est rare qu'elles aboutissent au résultat dans le même temps. Par exemple, avec l'arbre de la figure (2), un parcours en largeur permet de trouver le contenu du nœud C

1. Nous laissons au lecteur le soin d'implémenter cet algorithme; il s'agit d'un exercice assez facile qui requiert cependant une bonne compréhension des chapitres qui précèdent.

plus rapidement qu'un parcours en profondeur. Ici, le gain de temps est peu appréciable mais, si le sous-arbre issu de B était très profond, il pourrait l'être davantage. En général, il est difficile, sinon impossible, de déterminer *a priori*, pour un arbre et une clé donnés, l'algorithme qui trouvera la clé en un temps minimal. C'est pourquoi nous recommandons de programmer la méthode de parcours qui satisfait le mieux aux contraintes techniques imposées par le langage dans lequel l'algorithme est écrit. Dans le cas du langage PASCAL, la procédure *topdown* convient parfaitement, et présente l'avantage d'être extrêmement lisible. On ne s'en privera donc pas, sauf dans le cas où il est possible que l'arbre contienne au moins une branche infinie ou très profonde relativement aux autres, provoquant un débordement de l'espace mémoire géré par le mécanisme de la récursivité. Avec un arbre binaire dont chaque nœud contient une seule clé qui est un entier — on suppose que le champ contenant cet entier se nomme *Info* —, l'algorithme de recherche en profondeur d'un entier donné s'écrit :

```
function recherche(T:Arbre;N:integer):boolean;
begin
     if T=nil
        then recherche:=false
        else if T↑.Info=N
               then recherche:=true
               else recherche:= recherche(T↑.Gauche,N)
                                 or
                                 recherche(T↑.Droite,N);
end;
```

La fonction *recherche* retourne *true* si l'entier passé en second argument est présent dans l'arbre; *false* sinon. Telle que cette fonction est écrite, la première branche explorée est la branche extérieure gauche. On rappelle que, dans le cas d'une expression logique *A or B*, *B* n'est pas évalué si *A* est vrai. Par conséquent, si, pour le nœud en cours, sa clé n'est pas identique à celle recherchée et si cette clé recherchée n'est pas non plus dans le sous-arbre gauche issu de ce nœud, et seulement dans ce cas, le sous-arbre droit est exploré.

Soient un arbre T et deux nœuds x et y. Le problème de savoir si x est un ancêtre de y se ramène au problème précédent. Il suffit en effet de parcourir les sous-arbres gauche et droit issus de x, jusqu'à ce que l'on rencontre y ou jusqu'à ce que les deux sous-arbres aient été explorés. Remarquons cependant que, bien qu'un nœud contienne une ou plusieurs informations, il n'est pas conseillé d'identifier un nœud par sa clé. Il n'est en effet pas exclu que deux nœuds distincts contiennent la même clé, comme cela est le cas de l'arbre donné en figure (5).

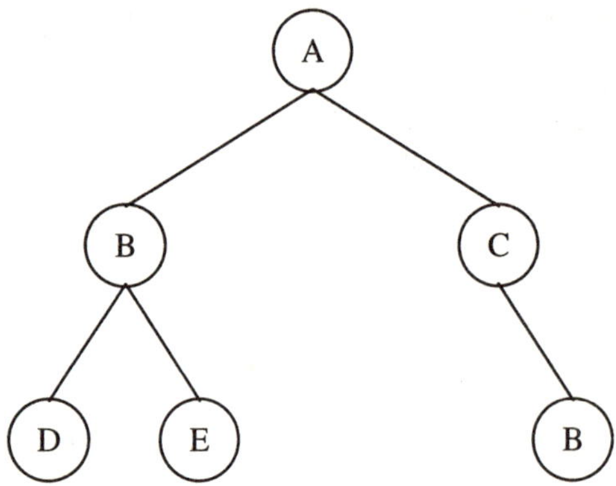

Fig. 5. — Un arbre binaire avec un nœud dupliqué.

Un nœud est identifié par son adresse, c'est-à-dire par un pointeur sur le nœud. Si l'on veut pouvoir explorer tous les nœuds d'un arbre, il faut disposer d'un point d'entrée sur la racine de l'arbre. Lorsque l'on parle d'un arbre T, il est implicite que T est un pointeur sur la racine de l'arbre proprement dit. Comme pour les listes, on peut envisager d'avoir accès à tous les nœuds d'un arbre à partir de l'un quelconque de ses nœuds, si les liens qui unissent les nœuds entre eux sont doublés, c'est-à-dire si tout fils pointe également vers son père. En PASCAL, un tel arbre est défini par :

```
type pArbre = ↑Nœud;
     Nœud = record
               ... /* une ou plusieurs */
               ... /* informations ici */
               Gauche,Droite,Pere:pArbre;
               end;
```

L'inconvénient d'un tel arbre est que chaque nœud occupe davantage de place en mémoire, puisqu'il contient trois pointeurs. Mais, en retour, de nombreux problèmes se traitent avec une grande aisance. Soit, par exemple, à rechercher l'ancêtre commun le plus proche de deux nœuds x et y — on rappelle que les nœuds d'un arbre sont identifiés par leur adresse; x et y sont donc des pointeurs. La fonction qui suit retourne l'adresse de cet ancêtre commun :

```
function ancetre(X,Y:pArbre):pArbre;
var Ok:boolean;
    Y2:pArbre;
begin
    Ok:=false;
    Y2:=Y;
    while (X<>nil) and not(Ok) do
        begin
        Y:=Y2;
        while (Y<>nil) and not(Ok) do
            if X=Y then Ok:=true else Y:=Y↑.Pere;
        X:=X↑.Pere;
        end;
    ancetre:=Y;
end;
```

Il est facile de transformer un arbre binaire simple en un arbre binaire avec des liens doubles. La procédure *arbreTopArbre* qui suit effectue cette transformation ou, plus exactement, recopie l'arbre binaire en un arbre binaire doublement lié. Après exécution de la procédure, l'arbre initial est toujours présent en mémoire.

```
procedure arbreTopArbre2(T:Arbre;var T2:pArbre;P:pArbre);
begin
      if T<>nil
        then begin
              new(T2);
              ... /* recopie des infos */
              ... /* de T dans T2 ici */
              T2↑.Pere:=P;
              arbreTopArbre2(T↑.left,T2↑.left,T2);
              arbreTopArbre2(T↑.right,T2↑.right,T2);
              end
        else T2:=nil;
end;

procedure arbreTopArbre(T:Arbre;var T2:pArbre);
begin
      arbreTopArbre2(T,T2,nil);
end;
```

Parmi les calculs fréquemment soumis en exercice sur les arbres binaires, on peut citer ceux du nombre de nœuds — la taille de l'arbre —, du nombre de feuilles et de la hauteur de l'arbre. Ces calculs sont effectués par les trois fonctions suivantes, qui explorent toutes trois l'arbre en profondeur :

```
function taille(T:Arbre):integer;
begin
      if T<>nil
        then taille:=1+taille(T↑.Gauche)+taille(T↑.Droite)
        else taille:=0;
end;
```

```
function feuilles(T:Arbre):integer;
begin
        if T=nil
          then feuilles:=0;
          else if (T↑.Gauche=nil) and (T↑.Droite=nil)
                  then feuilles:=1
                  else feuilles:=feuilles(T↑.Gauche)+feuilles(T↑.Droite)
end;

function hauteur(T:Arbre):integer;
var hg,hd:integer;
begin
        if T<>nil
          then begin
                hg:=hauteur(T↑.Gauche);
                hd:=hauteur(T↑.Droite);
                if hg>hd
                  then hauteur:=hg+1
                  else hauteur:=hd+1;
                end
          else hauteur:=-1;
end;
```

Cette dernière fonction retourne 0 pour un arbre réduit à un seul nœud, et -1 pour un arbre vide. L'algorithme utilisé pour le calcul de la hauteur s'énonce simplement. Pour un arbre donné, sa hauteur est égale à la plus grande des hauteurs du sous-arbre gauche et du sous-arbre droit issus de la racine de cet arbre, augmentée de 1. On répète récursivement cette procédure jusqu'à ce que l'on arrive à une feuille, dont la hauteur relative par rapport à elle-même est nulle. Remarquons qu'il existe une relation simple entre la hauteur d'un arbre et sa taille. Les deux cas extrêmes d'arbres sont, d'une part, les arbres dégénérés et, d'autre part, les arbres complets. L'arbre binaire de la figure (2) est complet, tandis que celui de la figure (6) est dégénéré.

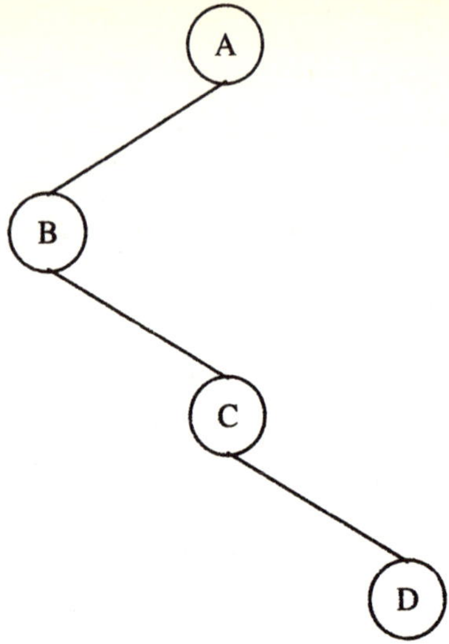

Fig. 6. — Un arbre binaire dégénéré.

Ce dernier arbre a pour hauteur 3 et pour taille 4. D'une manière générale, on a pour tout arbre binaire dégénéré — h est la hauteur et n le nombre total de nœuds de l'arbre — :

$$n = h + 1 \tag{1}$$

Pour un arbre binaire complet, on montre facilement qu'on a la relation :

$$n = 2^{h+1} - 1 \tag{2}$$

D'où il ressort que, pour tout arbre binaire : [2]

$$E(log_2(n)) \leq h \leq n - 1 \tag{3}$$

Une représentation couramment utilisée des arbres binaires est la représentation dite *parenthésée*, dans laquelle une parenthèse ouvrante signale que l'on descend d'un

2. On note $E(x)$ la partie entière inférieure du réel x.

niveau dans l'arbre, et une parenthèse fermante, que l'on remonte d'un niveau. Ainsi, la représentation parenthésée de l'arbre de la figure (2) est :

(A(B(D)(E))(C(F)(G))) (4)

Cette représentation est produite par la procédure — on suppose que les nœuds contiennent une seule clé accessible par le champ *Info* — :

```
procedure parenthesage(T:Arbre);
begin
        if T<>nil
          then begin
                write('(',T↑.Info);
                parenthesage(T↑.Gauche);
                parenthesage(T↑.Droite);
                write(')');
                end;
end;
```

Cette représentation est imparfaite pour deux raisons. La première est qu'un arbre vide ne produit aucun affichage. La seconde, beaucoup plus grave, est que les représentations parenthésées ainsi définies des arbres (a) et (b) de la figure (3) sont identiques :

(A(B)) (5)

Il est facile de remédier à ces deux lacunes. Il suffit de poser qu'un arbre vide est représenté par (), et de réécrire ainsi la procédure *parenthesage* précédente :

```
procedure parenthesage(T:Arbre);
begin
        write('(');
        if T<>nil
          then begin
                write(T↑.Info);
                parenthesage(T↑.Gauche);
```

```
            parenthesage(T↑.Droite);
            write(')');
            end
        else write(')');
end;
```

On obtient ainsi pour les deux arbres de la figure (3) les représentations :

(a): (A()(B()())) (b): (A(B()())()) (6)

Avec cette même procédure, on obtient pour l'arbre de la figure (2) la représentation qui suit, plus longue mais plus explicite que la représentation (4) :

(A(B(D()())(E()()))(C(F()())(G()()))) (7)

3. **Arbres binaires de recherche.** — Dans ce paragraphe, nous supposons que les arbres binaires que nous utilisons en exemple, sont formés de nœuds ne contenant qu'une seule clé. Pour fixer les idées, posons que cette clé est un caractère. Ainsi, dans la représentation d'un arbre tel que celui de la figure (7), un nœud appelé C contient une clé qui est le caractère $'C'$. Puisque nous confondons le nœud identifié par un pointeur, avec l'information qu'il contient, nous supposons en outre que deux nœuds distincts contiennent deux informations également distinctes. Ces arbres sont définis en PASCAL par la déclaration :

```
type Arbre = ↑Nœud;
     Nœud = record
            Info:char;
            Gauche,Droite:Arbre;
            end;
```

Dans le cas où l'on veut rechercher une clé dans un arbre, il faut parcourir tout l'arbre jusqu'au nœud qui contient cette clé. Des branches inutiles sont explorées et, lorsqu'aucun nœud ne contient la clé cherchée, l'arbre est parcouru dans son intégralité. Pour éviter cela, une idée consiste à introduire un ordre dans la structure de l'arbre. Supposons que l'on dispose d'un arbre binaire vérifiant la propriété : pour tout nœud x de l'arbre, l'élément contenu dans le fils gauche de x est inférieur ou égal à celui contenu dans x; l'élément contenu dans le fils droit de x est strictement supérieur à l'élément contenu dans x. L'arbre de la figure (7) possède cette propriété, au contraire de celui de la figure (2).

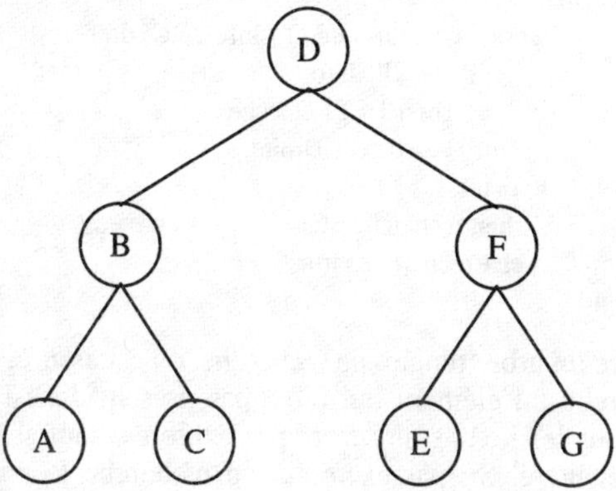

Fig. 7. — Un arbre binaire de recherche.

Un arbre binaire qui possède la propriété précédente est dit *arbre binaire de recherche*. Un tel arbre a ceci de particulier que, lorsque l'on y cherche un élément, il suffit d'explorer un seul des sous-arbres de chacun des nœuds que l'on traverse, pour être assuré de trouver l'élément s'il est contenu dans l'arbre. Si, par exemple, on recherche le nœud E dans l'arbre de la figure (7), il suffit, à partir de la racine D, d'explorer le sous-arbre droit de D — puisque $D < E$ —, puis le sous-arbre gauche de F — puisque $E \leq F$. Par conséquent, l'algorithme de recherche dans un tel arbre n'utilise qu'un seul appel récursif, à la différence de l'algorithme de recherche dans un arbre binaire que nous avons donné plus haut. La récursion est donc ici terminale. Il s'ensuit que la spécification d'un algorithme itératif pour la recherche dans un arbre binaire ne doit poser aucun problème. En effet, avec un arbre tel que défini précédemment, on a la fonction suivante, qui retourne *true* si la clé passée en second argument est présente dans l'arbre; false sinon :

```
function recherche(T:Arbre;C:char):boolean;
begin
        while (T<>nil) and (T↑.Info<>C) do
                if C<=T↑.Info
                   then T:=T↑.Gauche
                   else T:=T↑.Droite;
        if T=nil
           then recherche:=false
           else recherche:=true;
end;
```

Avec un arbre binaire de recherche, on est assuré, si l'on recherche un élément qui n'est pas présent dans l'arbre, que tous les nœuds ne seront pas explorés, sauf si l'arbre est dégénéré. Si, par exemple, on recherche le nœud D dans l'arbre de la figure (8), qui est un arbre dégénéré, on traverse tous les nœuds de l'arbre avant de conclure que D est absent.

Pour lister dans l'ordre croissant tous les éléments d'un arbre binaire de recherche, il faut le traverser selon une stratégie infixe. En effet, avec cette stratégie, pour tout nœud x, on explore le sous-arbre gauche de x, puis on traite x, et on explore ensuite son sous-arbre droit. La procédure ci-dessous produit la sortie A, B, C, D, E, F, G, pour l'arbre de la figure (7) :

```
procedure infixe(T:Arbre);
begin
        if T<>nil
```

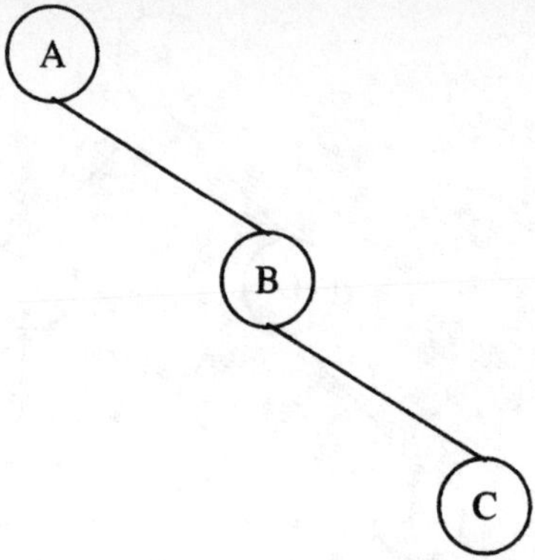

Fig. 8. — Un arbre binaire de recherche dégénéré.

```
        then begin
                infixe(T↑.Gauche);
                write(T↑.Info);
                infixe(T↑.Droite);
                end;
end;
```

Remarquons que le parcours de tous les arbres binaires de recherche dont les nœuds sont identiques à ceux de l'arbre de la figure (7) est invariable, si les arbres sont explorés selon la stratégie infixe précédente. Ainsi, la procédure *infixe* produit encore l'affichage A, B, C, D, E, F, G, pour l'arbre de la figure (9).

En revanche, les autres stratégies de parcours d'arbres binaires ne produisent pas le même résultat pour les arbres des figures (7) et (9). Un arbre binaire de recherche est donc un arbre dont le parcours infixe ne dépend pas de la disposition relative des nœuds qui le composent.

Puisque nous savons comment parcourir un arbre binaire de recherche afin d'y trouver un élément donné, voyons

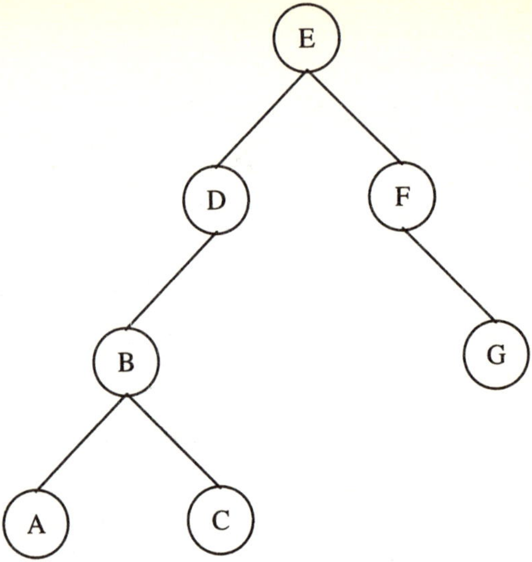

Fig. 9. — Un autre arbre binaire de recherche.

comment construire un tel arbre. Résoudre ce problème, c'est donner un algorithme d'adjonction d'un élément dans un arbre de recherche déjà existant. Voici la procédure PASCAL réalisant cela :

```
procedure ajouter(var T:Arbre;C:char);
var First,P:Arbre;
begin
	First:=T;
	while T<>nil do
		begin
		P:=T;
		if C<=T↑.Info then T:=T↑.Gauche else T:=T↑.Droite;
		end;
	new(T);
```

```
T↑.Info:=C;
T↑.Gauche:=nil;T↑.Droite:=nil;
if First<>nil then
  begin
  if C<=P↑.Info then P↑.Gauche:=T else P↑.Droite:=T;
  T:=First;
  end;
end;
```

Si l'arbre est vide au moment de l'appel de la procédure, il est créé avec l'élément reçu en second argument, qui devient la clé de l'unique nœud de l'arbre. Sinon, un nœud est ajouté à l'extrémité de l'une des branches de l'arbre. Que l'on comprenne bien que, pour un ensemble d'éléments donnés, la configuration de l'arbre binaire de recherche élaboré en appliquant la procédure *ajouter*, dépend de l'ordre dans lequel les éléments sont ajoutés à l'arbre. Ainsi, plusieurs séquences produisent l'arbre de la figure (7) — entre autres : D, F, B, A, C, E, G et D, B, F, C, A, G, E —, mais toutes les séquences possibles ne permettent pas de l'obtenir. Par exemple, la séquence E, D, B, A, C, F, G, donne l'arbre de la figure (9).

La procédure *ajouter* place le nouvel élément à l'extrémité d'une branche. Il est évidemment possible d'insérer un élément dans un arbre à une position quelconque, et en particulier à la racine. Cette opération est cependant nettement plus délicate, car il faut tout d'abord réaliser une coupure de l'arbre initial en deux sous-arbres. Le premier contient tous les éléments inférieurs ou égaux à l'élément à insérer; le second, tous les éléments strictement supérieurs. Puis il suffit de créer un nœud avec l'élément à insérer, et de faire pointer ce nœud à gauche sur le premier sous-arbre, et à droite sur le second.

A titre d'exercice, nous laissons au lecteur le soin d'écrire une procédure qui supprime un élément dans un arbre binaire de recherche. Remarquons cependant que ce problème est plus délicat que celui de l'adjonction à une feuille.

Considérons l'arbre de la figure (9). La suppression d'une feuille telle que A, C ou G ne présente pas de difficulté, de même que l'effacement d'un nœud qui ne possède qu'un seul fils, tel que F. Dans ce dernier cas, il suffit de remplacer le nœud à effacer par son fils. En revanche, la suppression d'un nœud qui possède deux fils peut se faire de deux manières, puisque l'on peut remplacer le nœud supprimé par son fils gauche ou droit. Ainsi, les arbres des figures (10) et (11) sont deux arbres valides résultant de la suppression de B dans l'arbre de la figure (9).

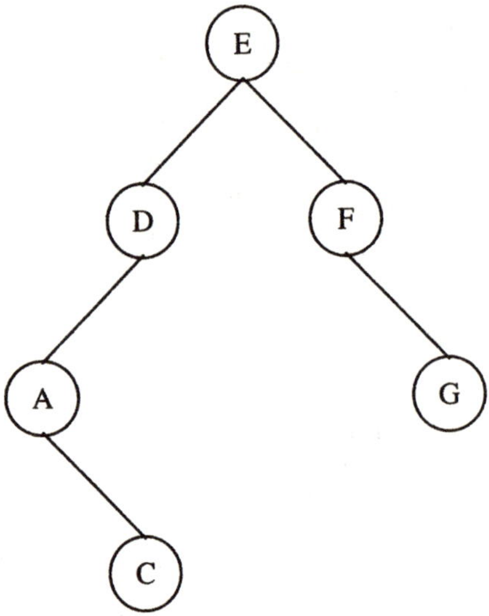

Fig. 10. — Un arbre possible après suppression d'un nœud.

En fait, l'une et l'autre stratégies sont équivalentes lorsque tous les éléments de l'arbre sont différents. Si cela n'est pas le cas, c'est-à-dire si le nœud à supprimer et son fils gauche contiennent la même information, c'est ce dernier

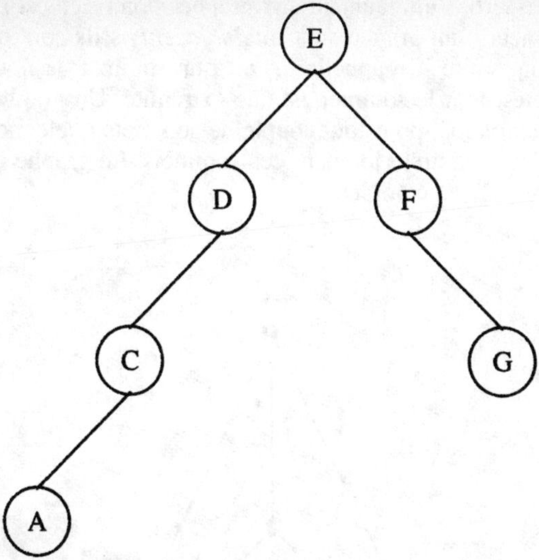

Fig. 11. — Un autre arbre possible après suppression d'un nœud.

qui doit de préférence remplacer le père, car le fils droit contient une information strictement supérieure à celle du nœud à supprimer, et donc strictement supérieure à celle de son frère.

II. — Les graphes

1. **Notions générales.** — Les graphes peuvent être vus comme une généralisation des arbres. Un graphe est une collection d'objets, nommés *sommets*, et de liens entre ces sommets. Ces liens peuvent être dirigés ou non. Dans le premier cas, on parle de graphes orientés, et les liens sont appelés *arcs*. Lorsque les liens ne sont pas dirigés, il sont nommés *arêtes*. Dans ce paragraphe, nous nous

intéresserons uniquement aux graphes non orientés. Deux sommets d'un graphe sont dits *adjacents* s'ils sont reliés par une arête. On appelle *degré* d'un sommet, le nombre d'arêtes dont le sommet est une extrémité. Un graphe est dit *complet* si, pour tout couple de sommets quelconques, il existe une arête joignant ces sommets. Le graphe de la figure (12) est complet.

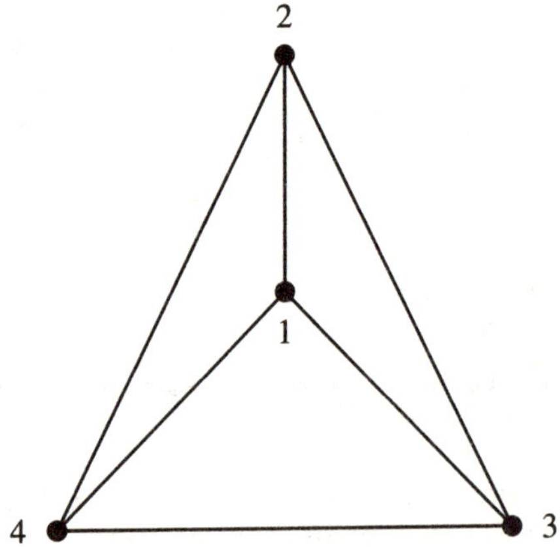

Fig. 12. — Un graphe non orienté complet.

On définit la notion de *chaîne* — pour les graphes orientés, on parle de *chemins* — comme la suite de sommets à traverser pour joindre deux sommets quelconques. Une chaîne est dite *élémentaire* si elle ne contient pas plusieurs fois le même sommet. On appelle *cycle* une chaîne dont les deux extrémités coïncident, et telle que toutes les arêtes sont distinctes deux à deux — on parle de *circuit* si le graphe est orienté. Un graphe non orienté est dit *connexe* s'il existe une chaîne joignant toute paire quelconque de sommets. Un graphe complet est évidemment connexe —

la réciproque est fausse. Remarquons qu'un arbre est un graphe qui ne comporte pas de cycle et pour lequel, pour tout couple de sommets quelconques, il existe un et un seul chemin élémentaire joignant les sommets.

Un graphe connexe reste connexe après effacement de l'une de ses arêtes, si l'arête effacée est comprise dans un certain cycle. Si un graphe à N sommets possède moins de $N-1$ arêtes, alors il ne peut pas être connexe. S'il a plus de $N-1$ arêtes, alors il comporte au moins un cycle. Un arbre complet à N sommets possède exactement $N(N-1)/2$ arêtes — par exemple, le graphe de la figure (12) comporte 4 sommets et 6 arêtes. Un graphe à N sommets qui possède exactement $N-1$ arêtes n'est pas nécessairement un arbre.

2. **Représentation.** — Pour représenter un graphe, on utilise généralement deux méthodes distinctes : soit un tableau à deux dimensions de variables booléennes; soit une structure partiellement dynamique. Nous décrivons ici ces deux méthodes.

La première, dite représentation par *matrice d'adjacence*, ou *matrice de connectivité*, est la plus intuitive, et convient assez bien lorsque le graphe à représenter est assez dense, c'est-à-dire lorsqu'il comporte beaucoup d'arêtes par rapport au nombre de sommets. Une telle matrice est composée de valeurs booléennes et on décide par exemple que la valeur V — pour *vrai* — sur la ligne I et la colonne J indique qu'il existe une arête entre les sommets I et J; la valeur F — pour *faux* — indique que les sommets ne sont pas reliés. La matrice de connectivité d'un graphe non orienté est évidemment symétrique. Par exemple, la matrice associée au graphe de la figure (12) est :

	1	2	3	4
1	V	V	V	V
2	V	V	V	V
3	V	V	V	V
4	V	V	V	V

Cette matrice ne comporte que des valeurs V, puisque le graphe associé est complet. En PASCAL, on représente une telle matrice par un tableau :

type Graphe=**array**[1..N,1..N] **of** boolean; (8)

On voit que cette méthode requiert N^2 variables booléennes pour représenter un graphe à N sommets. Si le graphe est très peu dense, c'est-à-dire si le nombre total d'arêtes rapporté au nombre de sommets [3] est inférieur à une limite donnée — on prend souvent $NlogN$ —, il devient coûteux d'utiliser une matrice de connectivité. On a alors recours à une représentation partiellement dynamique, dite par *liste d'adjacence*, dans laquelle le graphe est défini comme un tableau de listes de sommets liés par une arête. Ainsi, on a pour le graphe complet de la figure (12) :

1:	2	3	4
2:	1	3	4
3:	1	2	4
4:	1	2	3

La déclaration en PASCAL est :

type Graphe=**array**[1..N] **of** Liste; (9)

Avec :

```
type Liste = ↑Cellule;
     Cellule = record
                  Sommet:1..N;
                  Suite:Liste;
               end;
```

Dans cette représentation, les arêtes qui n'existent pas occupent une place nulle en mémoire. La structure adoptée n'est pas totalement dynamique, car il est clair que la déclaration (9) fait appel à un tableau statique, de même que (8). Par conséquent, il n'est pas possible d'augmenter

3. Ce ratio est inférieur ou égal à $(N-1)/2$ pour un graphe non orienté.

le nombre de sommets d'un graphe donné au delà d'une limite déterminée *a priori*, au cours de l'exécution du programme. On peut remédier à cela par une déclaration intégralement dynamique. Nous laissons la définition d'une telle représentation en exercice.

3. **Parcours de graphes.** — Dans ce paragraphe, nous adoptons pour les graphes la première des représentations précédentes. Par conséquent, le type *Graphe* utilisé plus bas est celui défini en (8).

Comme pour les arbres, les graphes peuvent être parcourus selon deux stratégies radicalement opposées : en profondeur et en largeur. Dans la première, partant d'un sommet donné, on parcourt le graphe aussi loin que l'on peut ou jusqu'à ce qu'on revienne à un sommet déjà rencontré, en effectuant des retours en arrière pour reprendre les chemins ignorés. Dans la seconde, on explore le graphe niveau par niveau. Nous ne décrivons ici que la première méthode, qui est récursive par nature et qui se programme facilement dans un langage tel que PASCAL.

L'un des objectifs de la théorie des graphes est la résolution d'un certain nombre de problèmes classiques, parmi lesquels :

1. Un graphe donné est-il connexe ?
2. Deux sommets d'un graphe sont-ils liés ?
3. Quels sont tous les chemins élémentaires permettant de passer d'un sommet à un autre quelconques d'un graphe donné ?
4. Parmi ces chemins, quel est le plus court ?

Précisons immédiatement que la résolution de ces problèmes est aisée lorsque l'on ne recherche pas un algorithme très performant. Dans le cas contraire, la théorie des graphes s'avère d'une grande richesse et d'une difficulté considérable. Notre propos n'étant pas d'empêtrer le lecteur dans cette difficulté, nous nous contenterons de donner ici des algorithmes élémentaires, qui demeurent satisfaisants lorsque les graphes considérés sont de taille raisonnable. Nous ne nous étendrons pas sur la connexité d'un graphe. Le lecteur résoudra aisément ce problème au vu de la solution des trois suivants.

Considérons un graphe donné G, et deux sommets I et J quelconques de G. Pour fixer les idées, soit le graphe de la figure (13).

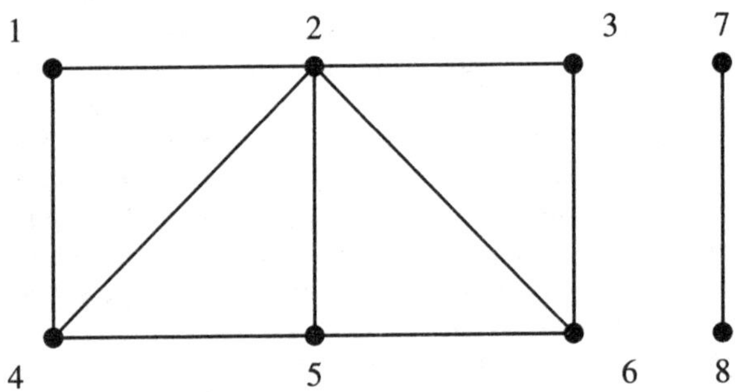

Fig. 13. — Un graphe non connexe.

On cherche à savoir si I et J sont liés, c'est-à-dire s'il existe un chemin permettant de passer de I à J. L'idée est d'explorer le graphe en profondeur d'abord, à partir du sommet initial I, jusqu'à ce que l'on rencontre J ou jusqu'à ce que tout le graphe ait été exploré. Pour éviter de passer plusieurs fois par le même sommet et de s'égarer dans des cycles, on marque les sommets au fur et à mesure qu'on les traverse. La fonction *lies* qui suit retourne *true* si I et J sont liés; *false* sinon :

```
procedure lies2(G:Graphe;N,I,J:integer;var M:Tab;var R:boolean);
var K:integer;
begin
        if G[I,J]
```

```
        then R:=true
        else begin
            M[I]:=true;
            K:=1;
            while not(R) and (K<N) do
                begin
                K:=K+1;
                if G[I,K] and not(M[K]) then lies2(G,N,K,J,M,R);
                end;
            end;
end;

function lies(G:Graphe;N,I,J:integer):boolean;
var
   K:integer;
   M:Tab;
   R:boolean;
begin
     for K:=1 to N do M[K]:=false;
     R:=false;
     lies2(G,N,I,J,M,R);
     lies:=R;
end;
```

M est une variable de type *Tab*, défini par :

type Tab=**array**[1..N] **of** boolean; (10)

Par défaut, on suppose que *I* et *J* ne sont pas liés — la variable *R* est initialisée à *false*. Si un chemin a été trouvé, la variable *R* vaut *true* au retour de la procédure *lies2*. On notera que, dès qu'un chemin est trouvé, il n'est plus nécessaire de poursuivre l'exploration du graphe.

Le troisième problème est sensiblement différent dans la mesure où il est question de trouver et d'afficher tous les chemins menant de *I* à *J*. La procédure est un peu plus complexe :

```
procedure chemins2(G:Graphe;N,I,J:integer;M:Tab;P:string);
```

```
var
    K:integer;
    S:string;
begin
      if I=J
        then begin
               str(J,S);
               P:=P+'-'+S;
               writeln(P);
               end
        else begin
               M[I]:=true;
               for K:=1 to N do
                   if G[I,K] and not(M[K])
                     then begin
                            str(I,S);
                            if P=''
                              then P:=S
                              else if copy(P,length(P)-length(S)+1,
                                          length(S))<>S
                                     then P:=P+'-'+S;
                            chemins2(G,N,K,J,M,P);
                            end;
               end;
end;

procedure chemins(G:Graphe;N,I,J:integer);
var
    K:integer;
    M:Tab;
begin
      for K:=1 to N do M[K]:=false;
      chemins2(G,N,I,J,M,'');
end;
```

Ici encore, on marque les sommets au fur et à mesure qu'on les rencontre. Les chemins élémentaires parcourus sont stockés un par un dans la variable de type chaîne P, et affichés dans l'ordre dans lequel ils sont trouvés. Ainsi, avec le graphe de la figure (13), et avec $I = 1$ et $J = 6$, on obtient l'affichage :

```
1-2-3-6
1-2-4-5-6
1-2-5-6
1-2-6
1-4-2-3-6
1-4-2-5-6
1-4-2-6
1-4-5-2-3-6
1-4-5-2-6
1-4-5-6
```

Nous laissons le lecteur réfléchir à ce que serait le résultat si nous supprimions la ligne contenant la fonction prédéfinie *copy* [4] dans la procédure *chemin2*.

Dans cet exemple, on voit que le plus court chemin permettant de passer de $I = 1$ à $J = 6$ comprend deux arêtes. La fonction *CheminMini* calcule la longueur du plus court chemin menant d'un sommet à un autre :

```
procedure cheminMini2(G:Graphe;N,I,J,L:integer;M:Tab;
                              var Long:integer);
var K:integer;
begin
     if I=J
       then if (Long=-1) or (L<Long) then Long:=L else {}
       else if (Long=-1) or (L<Long)
              then begin
                   M[I]:=true;
                   for K:=1 to N do
                      if G[I,K] and not(M[K])
                        then cheminMini2(G,N,K,J,L+1,M,Long);
```

4. La fonction *copy(S,I,J)* retourne la sous-chaîne de S commençant à la position I et de longueur J.

```
                end;
end;

function cheminMini(G:Graphe;N,I,J:integer):integer;
var
   K,Long:integer;
   M:Tab;
begin
      for K:=1 to N do M[K]:=false;
      Long:=-1;
      cheminMini2(G,N,I,J,0,M,Long);
      cheminMini:=Long;
end;
```

Si $I = J$, la fonction retourne 0, tandis que si I et J ne sont pas liés, elle retourne -1. Remarquons que tous les chemins ne sont pas explorés jusqu'au bout. On voit en effet que, dès que le chemin en cours d'exploration atteint une longueur égale à la plus petite rencontrée jusqu'alors, il est abandonné.

Chapitre IV

ALGORITHMES FONDAMENTAUX

I. — Algorithmes mathématiques

1. **Equations.** — On se propose ici de résoudre l'équation (1), dans laquelle f est une fonction numérique à variable réelle.

$$f(x) = 0 \tag{1}$$

Nous examinons les méthodes élémentaires suivantes, dans cet ordre : dichotomie, sécante et tangente — dite aussi méthode de Newton. Dans toute la suite, nous supposons que la condition suivante est vérifiée :

$$\exists a, b,\ \exists! \alpha,\ \alpha \in [a, b],\ f(\alpha) = 0 \tag{2}$$

La méthode de la *dichotomie* consiste à diviser successivement l'intervalle de recherche $[a, b]$, en ramenant sa borne inférieure ou sa borne supérieure à la valeur moyenne de l'intervalle, selon que la racine de l'équation est comprise dans la moitié supérieure ou inférieure, respectivement, de l'intervalle. On a donc une suite de valeurs x_i vérifiant :

$$x_0 = \frac{a+b}{2},\ x_1 = \frac{a_1+b_1}{2},\ \ldots,\ x_n = \frac{a_n+b_n}{2} \tag{3}$$

Le calcul des a_i et b_i s'effectue selon (4) et (5), avec $a_0 = a$ et $b_0 = b$.

$$\alpha \in [a_{i-1}, x_{i-1}] \Rightarrow a_i = a_{i-1},\ b_i = x_{i-1} \tag{4}$$

$$\alpha \in [x_{i-1}, b_{i-1}] \Rightarrow a_i = x_{i-1},\ b_i = b_{i-1} \tag{5}$$

La première condition est réalisée lorsque la fonction f change de signe dans l'intervalle $[a_{i-1}, x_{i-1}]$; la seconde, lorsque f change de signe dans l'intervalle $[x_{i-1}, b_{i-1}]$. Le nombre d'itérations à réaliser pour approcher la racine de l'équation avec une précision donnée est déterminé par l'inégalité :

$$|\alpha - x_n| < \frac{(b-a)}{2^{n+1}} \tag{6}$$

On a donc la fonction *dichotomie* qui retourne, si elle existe, la racine de l'équation (1) dans l'intervalle $[A, B]$ et avec la précision Epsilon passés en arguments :

```
function dichotomie(A,B,Epsilon:extended):extended;
var X:extended;
begin
      while (B-A)>Epsilon do
            begin
            X:=(A+B)/2;
            if f(A)*f(X)<0
              then B:=X
              else A:=X;
            end;
      dichotomie:=X;
end;
```

On rappelle que l'on suppose que la condition (2) est vérifiée. Si cela n'est pas le cas — si, par exemple, l'équation n'admet pas de racine dans l'intervalle de recherche —, la fonction *dichotomie* retourne un résultat erroné.

La méthode de la *sécante* consiste à tracer la droite AB passant par les points $(a, f(a))$ et $(b, f(b))$. Cette droite coupe l'axe des x en un point x_0 tel que :

$$x_0 = \frac{bf(a) - af(b)}{f(a) - f(b)} \tag{7}$$

Si la droite AB est au-dessus de la courbe de f, c'est-à-dire si $f(x_0) < 0$, on trace la droite passant par $(x_0, f(x_0))$

et $(b, f(b))$. On obtient un nouveau point d'intersection x_1 avec l'axe des x, et on répète indéfiniment cette opération. Les x_n vérifient la relation :

$$x_{n+1} = \frac{bf(x_n) - x_n f(b)}{f(x_n) - f(b)} \tag{8}$$

Il est facile de voir que, dans le cas où la corde AB est au-dessous de la courbe de f, c'est-à-dire si $f(x_0) > 0$, les x_n vérifient la relation (9), équation pendante de (8) dans laquelle a remplace b.

$$x_{n+1} = \frac{af(x_n) - x_n f(a)}{f(x_n) - f(a)} \tag{9}$$

On démontre que, lorsque n tend vers l'infini, x_n tend vers la racine α. Après un nombre d'itérations n, on a :

$$|\alpha - x_n| < |x_n - x_{n-1}| \tag{10}$$

Voici la fonction *secante*, qui reçoit et retourne les mêmes arguments que la fonction *dichotomie* :

```
function secante(A,B,Epsilon:extended):extended;
var X0,X,FA,FB:extended;
begin
        FA:=f(A);FB:=f(B);
        X:=(B*FA-A*FB)/(FA-FB);
        if f(X)<0
           then begin
                A:=B;
                FA:=FB;
                end;
        repeat
                X0:=X;
                X:=(A*f(X0)-X0*FA)/(f(X0)-FA);
        until abs(X-X0)<Epsilon;
        secante:=X;
end;
```

La méthode de la *tangente*, communément appelée méthode de Newton, suppose que l'on a calculé la dérivée f' de la fonction f de l'équation (1). Pour un x_i donné, l'équation de la tangente à la courbe de f en x_i est :

$$y = f'(x_i)x + f(x_i) - x_i f'(x_i) \tag{11}$$

Cette tangente coupe l'axe des abscisses en :

$$x_{i+1} = x_i - \frac{f(x_i)}{f'(x_i)} \tag{12}$$

On peut démontrer que, si x_0 est convenablement choisi, la suite x_n tend vers la racine α de (1). On voit d'ailleurs d'après (12) que, si $x_n = \alpha$, alors $f(x_n) = 0$ et $x_{n+1} = x_n$. On commence par calculer x_0 à partir de la tangente en $(a, f(a))$:

$$x_0 = a - \frac{f(a)}{f'(a)} \tag{13}$$

Si x_0 n'est pas compris dans l'intervalle $[a, b]$, on calcule une nouvelle valeur de x_0 en remplaçant a par b dans (13). Il suffit ensuite d'itérer en appliquant la relation (12). Si la condition (2) est vérifiée, x_n converge vers α. Cela donne en PASCAL :

```
function tangente(A,B,Epsilon:extended):extended;
var X0,X:extended;
begin
    X:=A-f(A)/fprim(A);
    if (X<A) or (X>B) then X:=B-f(B)/fprim(B);
    repeat
        X0:=X;
        X:=X0-f(X0)/fprim(X0);
    until abs(X-X0)<Epsilon;
    tangente:=X;
end;
```

Généralement, la méthode de la dichotomie converge plus rapidement que la méthode de la sécante, mais nettement moins vite que la méthode de la tangente. Dans le cas où le calcul de la dérivée de f ne présente pas de difficulté, et lorsque l'on veut obtenir une solution relativement proche de la solution exacte avec un nombre réduit d'itérations — de l'ordre de la dizaine —, il est recommandé d'utiliser cette dernière. A titre d'exemple, le tableau (1) montre la vitesse de convergence des trois méthodes — D pour la dichotomie; S pour la sécante; T pour la tangente — pour une fonction f donnée et pour quelques valeurs du nombre N d'itérations. Le tableau donne le résultat retourné par la fonction correspondante et la valeur absolue de l'erreur commise — le résultat exact étant connu et égal à 10.

Tableau 1. — **Résolution de** $f(x) = 0$ **avec** $f(x) = x^3 - 11x^2 logx + 9x + 10, a = 5, b = 30.$

N	Méthode	Résultat	Erreur
1	D	17.5000000000000	7.50000000000000E+00
1	S	5.04898917408960	4.95101082591040E+00
1	T	16.7765421922446	6.77654219224456E+00
5	D	10.4687500000000	4.68750000000000E-01
5	S	5.15670170111284	4.84329829888716E+00
5	T	10.0026723190994	2.67231909944811E-02
10	D	10.0048828125000	4.88281250000000E-03
10	S	5.31155303533522	4.68844696466478E+00
10	T	10.0000000000000	1.73472347597681E-18
50	D	10.0000000000000	4.44089209850063E-15
50	S	7.57600288990314	2.42399711009686E+00
50	T	10.0000000000000	2.60208521396521E-18
100	D	10.0000000000000	4.33680868994202E-18
100	S	9.81372211350871	1.86277886491294E-01
100	T	10.0000000000000	1.73472347597681E-18
500	D	10.0000000000000	4.33680868994202E-18
500	S	9.99999999999961	3.87626562792232E-13
500	T	10.0000000000000	2.60208521396521E-18
1000	D	10.0000000000000	4.33680868994202E-18
1000	S	10.0000000000000	1.04083408558608E-17
1000	T	10.0000000000000	1.73472347597681E-18

2. **Intégration.** — On veut calculer numériquement la valeur I donnée par :

$$I = \int_a^b f(x)dx \tag{14}$$

Si une primitive de f est connue, il est évidemment inutile de recourir à l'une des méthodes décrites ici, et qui sont : les méthodes des rectangles, des trapèzes et de Simpson. Comme dans le paragraphe précédent, il s'agit-là de méthodes tout-à-fait élémentaires, qui donnent satisfaction dans les cas les plus généraux. On suppose donc que f est connue et continue sur l'intervalle de calcul $[a, b]$. Les trois méthodes décrites sont basées sur le principe que le calcul d'une intégrale se ramène au calcul d'une aire, et cherchent à approcher le résultat exact en découpant la surface à mesurer en un grand nombre de surfaces élémentaires — en l'occurrence ici, des rectangles et des trapèzes.

L'intervalle sur lequel on cherche à calculer la valeur de I dans (14) est découpé en N sous-intervalles, N étant une donnée de l'utilisateur. On a donc la relation (15), avec $x_0 = a$ et $x_N = b$.

$$\Delta x = x_{i+1} - x_i = \frac{b-a}{N} \tag{15}$$

La méthode des *rectangles* consiste simplement à sommer les aires des rectangles de largeur Δx et de hauteur $f(x_i)$, selon la formule :

$$S = \Delta x \sum_{i=0}^{N-1} f(x_i) \tag{16}$$

On démontre facilement que, lorsque N tend vers l'infini, S converge vers I. Une alternative à (16) est :

$$S = \Delta x \sum_{i=0}^{N-1} f(x_{i+1}) \tag{17}$$

La méthode fondée sur la relation (16) est dite méthode des rectangles *gauche*; celle fondée sur (17), méthode des rectangles *droite*. Les deux méthodes présentent les mêmes qualités et possèdent la même vitesse de convergence. Une autre alternative, plus précise que les précédentes, consiste à choisir pour hauteur de chacun des rectangles élémentaires la valeur de f en la moyenne des bornes x_i et x_{i+1}. On a alors la formule :

$$S = \Delta x \sum_{i=0}^{N-1} f(\frac{x_i + x_{i+1}}{2}) = \Delta x \sum_{i=0}^{N-1} f(x_i + \frac{\Delta x}{2}) \qquad (18)$$

Voici la fonction écrite en PASCAL réalisant le calcul de (14) par utilisation de la relation (18) :

```
function rectangles(A,B:extended;N:integer):extended;
var
    DX,S:extended;
    I:integer;
begin
      S:=0;
      DX:=(B-A)/N;
      for I:=0 to N-1 do
          S:=S+f(A+(2*I+1)*DX/2);
      rectangles:=S*DX;
end;
```

Dans la méthode des *trapèzes*, les rectangles élémentaires sont remplacés par des trapèzes dont la largeur demeure Δx, mais dont l'une des hauteurs est $f(x_i)$, et l'autre, $f(x_{i+1})$. L'aire S est alors donnée par la formule :

$$S = \frac{\Delta x}{2} \sum_{i=0}^{N-1} (f(x_i) + f(x_{i+1})) \qquad (19)$$

On a donc l'algorithme :

```
function trapezes(A,B:extended;N:integer):extended;
var
```

```
    DX,S:extended;
    I:integer;
begin
    S:=0;
    DX:=(B-A)/N;
    for I:=0 to N-1 do
        S:=S+f(A+I*DX)+f(A+(I+1)*DX);
    trapezes:=S*DX/2;
end;
```

La tentation est grande de chercher à diviser l'intervalle de calcul $[a, b]$ en aires élémentaires qui permettent de converger plus rapidement vers la valeur exacte de l'intégrale. Une multitude de méthodes existent qui combinent la méthode des rectangles et celle des trapèzes. L'une des plus élémentaires et des plus répandue est la méthode de *Simpson*. Si S_R est l'aire calculée par la formule (18), et S_T celle obtenue par (19), on pose :

$$S = \frac{nS_R + pS_T}{n+p} \tag{20}$$

La méthode de Simpson consiste à appliquer cette relation avec $n = 2$ et $p = 1$. On obtient la relation :

$$S = \frac{\Delta x}{6} \sum_{i=0}^{N-1} (f(x_i) + 4f(\frac{x_i + x_{i+1}}{2}) + f(x_{i+1})) \tag{21}$$

Il correspond à cette méthode l'algorithme élémentaire :

```
function simpson(A,B:extended;N:integer):extended;
var
    DX,S:extended;
    I:integer;
begin
    S:=0;
    DX:=(B-A)/N;
    for I:=0 to N-1 do
        S:=S+f(A+I*DX)+4*f(A+(2*I+1)*DX/2)+f(A+(I+1)*DX);
```

```
        simpson:=S*DX/6;
end;
```

En général, la valeur retournée par chacune de ces trois fonctions est d'autant plus proche de la valeur exacte que N est grand, mais on obtient parfois des résultats spectaculaires. Ainsi, le tableau (2), qui illustre la vitesse de convergence de chacune des trois méthodes pour une fonction f polynômiale — dont l'intégrale sur l'intervalle choisi vaut 0 —, révèle que la méthode de Simpson donne la solution exacte pour $N = 1$ seulement ! Même s'il ne s'agit-là que d'un cas très particulier, cette dernière méthode doit être préférée aux deux autres, car ses performances leur sont généralement très supérieures.

Avec l'expérience, on observe que la méthode de Simpson avec une valeur de N très faible — de l'ordre de la dizaine —, donne des résultats proches de la valeur exacte recherchée, ce qui n'est pas le cas en moyenne des méthodes des rectangles et des trapèzes.

3. **Arithmétique.** — Nous voyons dans ce paragraphe de quelle manière il est possible d'accroître sensiblement les performances d'algorithmes naïfs. Nous usons d'exemples simples empruntés à l'algèbre et à l'arithmétique, tels que l'évaluation de polynômes et le produit d'entiers longs.

L'évaluation d'un polynôme consiste à calculer la valeur de $P(x)$ pour une valeur donnée de x, P étant un polynôme défini par :

$$P(x) = a_n x^n + a_{n-1} x^{n-1} + \ldots + a_1 x + a_0 \qquad (22)$$

Un premier algorithme naïf consiste à calculer chaque terme $a_i x^i$ puis à les additionner. Le calcul d'un terme $a_i x^i$ exige i multiplications. Donc, l'algorithme requiert $N(N+1)/2$ multiplications et N additions, N étant le degré du polynôme. Soit, par exemple :

$$P(x) = 3x^4 + 2x^3 + 5x^2 + 4x + 1 \qquad (23)$$

Tableau 2. — **Intégration sur l'intervalle** $[0, 10]$ **de** $f(x) = 4x^3 - 33x^2 + 18x + 10$ **avec** $a = 5, b = 30$.

N	Méthode	Résultat	Erreur
1	R	-2.25000000000000E+03	2.25000000000000E+03
1	T	4.50000000000000E+03	4.50000000000000E+03
1	S	0.00000000000000E+00	0.00000000000000E+00
10	R	-2.25000000000000E+01	2.25000000000000E+01
10	T	4.50000000000000E+01	4.50000000000000E+01
10	S	0.00000000000000E+00	0.00000000000000E+00
100	R	-2.25000000000000E-01	2.25000000000000E-01
100	T	4.50000000000000E-01	4.50000000000000E-01
100	S	2.51650552248369E-16	2.51650552248369E-16
500	R	-9.00000000000063E-03	9.00000000000063E-03
500	T	1.80000000000001E-02	1.80000000000001E-02
500	S	-4.44829358533146E-16	4.44829358533146E-16
1000	R	-2.24999999999997E-03	2.24999999999997E-03
1000	T	4.49999999999912E-03	4.49999999999912E-03
1000	S	-6.14323406959253E-17	6.14323406959253E-17
5000	R	-9.00000000007158E-05	9.00000000007158E-05
5000	T	1.79999999999022E-04	1.79999999999022E-04
5000	S	-3.81561449103174E-15	3.81561449103174E-15
10000	R	-2.25000000009433E-05	2.25000000009433E-05
10000	T	4.50000000000996E-05	4.50000000000996E-05
10000	S	-2.01172412062078E-15	2.01172412062078E-15

Pour calculer $P(5)$, on calcule 5^4 — 3 multiplications —, on multiplie le résultat par 3, etc.. On effectue donc finalement 10 multiplications. Le résultat final est obtenu après encore 4 additions. Or, on voit bien que, lorsque l'on calcule un monôme x^i, on utilise le résultat du calcul du monôme x^{i-1}. On calcule donc inutilement au moins 1 fois cette dernière valeur. Réécrivons (23) en :

$$P(x) = x(x(x(3x + 2) + 5) + 4) + 1 \qquad (24)$$

A présent, l'évaluation de $P(x)$ pour une valeur donnée de x ne requiert plus que N multiplications et N additions. Nous avons donc très simplement modifié un algorithme naïf requérant un nombre de multiplications de l'ordre de N^2, en un algorithme ne nécessitant que N multiplications. Il s'agit-là d'un progrès considérable et qui s'avère payant si l'on a à calculer un très grand nombre de valeurs de $P(x)$ avec un N grand. Cet algorithme d'évaluation s'écrit en PASCAL :

```
function eval(P:Polynome;X:real;N:integer):real;
var
    I:integer;
    R:real;
begin
      R:=P[N];
      for I:=N-1 downto 0 do
          eval:=R*X+P[I];
end;
```

Le type *Polynome* est un tableau dans lequel sont stockés les coefficients du polynôme P :

type P=array[0..N] **of** real; (25)

Cet algorithme d'évaluation est communément appelé méthode de *Horner*, bien qu'elle ait été décrite longtemps avant lui par Newton. Il existe des méthodes plus performantes que nous ne décrivons pas ici. Remarquons cependant que, si le polynôme se réduit à un monôme, c'est-à-dire si (22) devient (26), il est facile de faire beaucoup mieux que l'algorithme de Horner.

$$P(x) = x^n \qquad (26)$$

Celui-ci requiert en effet $N - 1$ multiplications pour calculer le terme x^n. Décomposons n en somme de puissances de 2 :

$$n = \sum_{i=0}^{p} a_i 2^i \qquad (27)$$

La valeur de p est aisée à calculer. On a en effet :

$$n \leq \sum_{i=0}^{p} 2^i = 2^{p+1} - 1 \qquad (28)$$

D'où il ressort : [1]

$$p = E(log_2(n+1)) - 1 \tag{29}$$

Ainsi, le calcul de (26) requiert un nombre de multiplications de l'ordre de $log_2(N+1)$, où N est le degré du monôme, ce qui est nettement mieux que la méthode de Horner.

Considérons à présent deux nombres x et y tels que :

$$x = (x_{n-1} \dots x_1 x_0)_b \ , \ y = (y_{n-1} \dots y_1 y_0)_b \tag{30}$$

Les x_i et y_i sont les chiffres exprimant les nombres x et y dans la base b. Un algorithme naïf de multiplication de x et y consiste à effectuer le produit de tous les chiffres x_i et y_j. Cet algorithme requiert donc un nombre de multiplications de l'ordre de N^2, où N est le nombre de chiffres de x et y. Nous allons voir que nous pouvons facilement faire mieux. Soient x et y donnés par (30) et supposons que N est pair. Si N est impair, ou si les deux nombres ne possèdent pas la même quantité de chiffres, il suffit d'ajouter autant de 0 qu'il est nécessaire en-tête de l'un et/ou de l'autre. Soit p tel que $n = 2p$. On pose :

$$x = b^p x_1 + x_0 \tag{31}$$

Avec :

$$x = (x_{n-1} \dots x_p)_b \ , \ x_0 = (x_{p-1} \dots x_0)_b \tag{32}$$

On pose de même :

$$y = b^p y_1 + y_0 \tag{33}$$

Avec :

$$y = (y_{n-1} \dots y_p)_b \ , \ y_0 = (y_{p-1} \dots y_0)_b \tag{34}$$

Remarquons que multiplier un nombre par la quantité b^p revient à effectuer sur ce nombre un décalage vers la gauche de p chiffres. Le produit de x et de y s'écrit alors :

$$xy = b^{2p} x_1 y_1 + b^p x_1 y_0 + b^p x_0 y_1 + x_0 y_0 \tag{35}$$

1. $E(x)$ est ici la partie entière supérieure du réel x.

Le produit des nombres x et y comportant N chiffres est donc ramené à 4 multiplications de nombres à $N/2$ chiffres, auxquelles il faut ajouter quelques décalages à gauche et des additions, opérations beaucoup plus économiques que la multiplication. Si l'on note $M(N)$ le nombre de multiplications à effectuer pour calculer le produit de deux nombres comportant N chiffres, on a donc avec (35) :

$$M(2N) = 4M(N) \tag{36}$$

Il vient de cette relation de récurrence :

$$M(N) = N^2 \tag{37}$$

Par conséquent, l'algorithme fondé sur la relation (35) n'est pas plus performant que l'algorithme naïf de multiplication. Pourtant, la solution n'est pas loin. Réécrivons en effet (35) en :

$$\begin{aligned} xy &= (b^{2p} + b^p)x_1y_1 + b^p(x_1 - x_0)(y_0 - y_1) \\ &\quad +(b^p + 1)x_0y_0 \end{aligned} \tag{38}$$

A présent, le calcul de xy ne requiert plus que 3 multiplications, aux décalages à gauche et additions près. Par conséquent :

$$M(2N) = 3M(N) \tag{39}$$

D'où :

$$M(N) = N^{log_2(3)} \approx N^{1,585} \tag{40}$$

Il s'agit-là d'un progrès notable. Remarquons qu'il existe des algorithmes encore plus performants, mais il n'est pas possible de les citer ici.

Nous laissons l'implémentation de notre dernier algorithme en PASCAL en exercice au lecteur. Nous lui suggérons de représenter les entiers longs sous formes de listes chaînées, avec une déclaration du type :

```
type Lint = ↑Digit;
     Digit = record
               Objet:byte;
               Suite:Lint;
             end;
```

Nous pouvons décider, par exemple, que les chiffres sont chaînés dans l'ordre des puissances croissantes de la base b, et que la première cellule de la liste est réservée au signe de l'entier. L'entier est accessible par un pointeur adressant cette première cellule. Par exemple, l'entier -921 est représenté par la liste de la figure (1). La première cellule, qui donne donc le signe de l'entier, peut contenir 0 — entier positif — ou 1 — entier négatif.

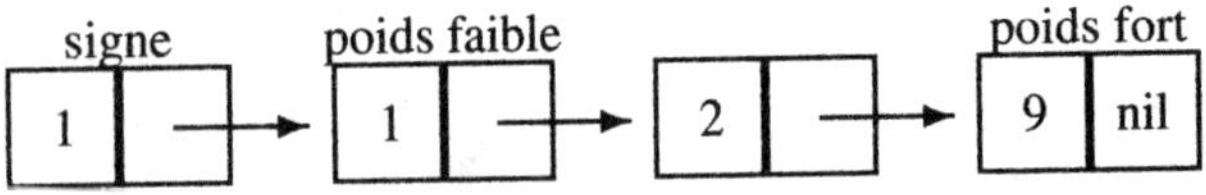

Fig. 1. — Représentation de l'entier -921 sous forme de liste.

II. — Algorithmes de tri

1. **Tri par sélection.** — Nous décrivons ici les principaux algorithmes de tri interne. Le qualificatif *interne* signifie que toutes les données qui doivent être triées résident en mémoire centrale de l'ordinateur. Au contraire, le tri externe s'applique aux très gros fichiers, pour lesquels il faut faire appel à des algorithmes de découpage et de fusion. Ce chapitre ne traite pas de ces techniques.

Nous illustrons le fonctionnement de tous les algorithmes en utilisant le même exemple. Soit la suite de 10 nombres :

$$8\ 6\ 9\ 3\ 4\ 1\ 10\ 5\ 2\ 7 \qquad (41)$$

Nous nous proposons de trier cette suite dans un ordre croissant. Les méthodes que nous décrivons dans ce paragraphe, dites par *sélection*, fonctionnent par échange de deux éléments de la suite judicieusement choisis. La plus simple de ces méthodes et l'une des plus connues — mais aussi la plus inefficace — est celle du tri *à bulles*. Il en existe différentes variantes, mais l'idée qui leur est commune consiste à échanger deux éléments consécutifs qui ne sont pas ordonnés. L'opération est généralement répétée jusqu'à ce que tous les éléments soient rangés dans l'ordre souhaité. Ainsi, dans le cas d'un tri par ordre croissant, les éléments les plus grands sont déplacés vers la fin de la suite, case après case, à la manière de bulles d'air remontant à la surface. Dans l'algorithme que nous donnons ici, la suite est parcourue à partir de la fin, et chaque élément est comparé au précédent jusqu'à un rang qui est incrémenté à chaque tour, et en deçà duquel les éléments sont déjà rangés. La suite à trier est simplement stockée dans un tableau. Cet algorithme s'écrit en PASCAL :

```
procedure bulles(var T:Tab;N:integer);
var I,J,Temp:integer;
begin
    I:=1;
    while I<N do
        begin
        for J:=N downto I+1 do
            if T[J]<T[J-1]
              then begin
                    Temp:=T[J];T[J]:=T[J-1];T[J-1]:=Temp;
                    end;
        I:=I+1;
        end;
end;
```

L'exécution de la procédure *bulles* avec le tableau des 10 entiers donnés en (41) produit les résultats intermédiaires :

```
I=1     1 8 6 9 3 4 2 10 5 7
I=2     1 2 8 6 9 3 4 5 10 7
I=3     1 2 3 8 6 9 4 5 7 10
I=4     1 2 3 4 8 6 9 5 7 10
I=5     1 2 3 4 5 8 6 9 7 10
I=6     1 2 3 4 5 6 8 7 9 10
I=7     1 2 3 4 5 6 7 8 9 10
```

I=8 1 2 3 4 5 6 7 8 9 10
I=9 1 2 3 4 5 6 7 8 9 10

Une autre méthode de tri par sélection, de conception encore plus simple que le tri est à bulles et légèrement plus efficace, consiste à chercher le minimum de la suite, à le placer en première position en l'échangeant avec celui qui s'y trouve, et à répéter le processus sur la sous-suite de taille $N-1$, jusqu'à ce que cette sous-suite soit réduite à un seul élément. On parle ici de sélection *ordinaire*. La fonction correspondante s'écrit :

```
procedure selection(var T:Tab;N:integer);
var I,J,K,Temp:integer;
begin
        I:=1;
        while I<N do
                begin
                J:=I;
                for K:=I+1 to N do
                    if T[K]<T[J] then J:=K;
                Temp:=T[I];T[I]:=T[J];T[J]:=Temp;
                I:=I+1;
                end;
end;
```

Voici les résultats intermédiaires obtenus avec cette méthode sur l'exemple (41) :

I=1 1 6 9 3 4 8 10 5 2 7
I=2 1 2 9 3 4 8 10 5 6 7
I=3 1 2 3 9 4 8 10 5 6 7
I=4 1 2 3 4 9 8 10 5 6 7
I=5 1 2 3 4 5 8 10 9 6 7
I=6 1 2 3 4 5 6 10 9 8 7
I=7 1 2 3 4 5 6 7 9 8 10
I=8 1 2 3 4 5 6 7 8 9 10
I=9 1 2 3 4 5 6 7 8 9 10

Remarquons que cette méthode, ainsi d'ailleurs que la méthode du tri à bulles, peuvent être améliorées, puisque l'on observe que, sur cet exemple, la suite est convenablement ordonnée avant la terminaison de la fonction.

La méthode qui suit est beaucoup plus efficace que les deux précédentes, mais aussi plus délicate à appréhender. Elle est basée sur la notion de *tas*, et est nommée pour cette raison *heapsort*. Un tas est un arbre binaire parfait tel que l'information contenue dans tout nœud est supérieure à celle contenue dans ses fils. La méthode du tri par tas comporte deux étapes : premièrement, on construit par insertions successives un tas à partir du tableau à trier; deuxièmement, on remplace la racine, qui est nécessairement le plus grand élément du tableau, par son fils le plus grand; la racine est transférée à la place de la dernière feuille de l'arbre, et celle-ci est repositionnée; on réitère avec la nouvelle racine, autant de fois qu'il y a de nœuds dans l'arbre. Voyons cela avec l'exemple (41). On commence par élaborer un tas, sachant que l'arbre construit doit être parfait. Chaque élément est donc inséré le plus à gauche possible. Supposons que les six premiers entiers ont été traités. On veut à présent insérer le septième élément (10). On obtient en premier lieu l'arbre binaire de la figure (2).

Cet arbre n'est pas un tas, puisque $8 < 10$. On inverse donc les deux nœuds, et on obtient l'arbre de la figure (3), qui n'est toujours pas un tas, puisque $9 < 10$.

On inverse encore les deux nœuds qui ne sont pas ordonnés, et on obtient le tas de la figure (4).

Ainsi, chaque élément est ajouté en dernière position le plus à gauche possible du dernier niveau et, s'il est plus grand que son père, ils sont inversés; on répète cette inversion autant de fois que nécessaire. On obtient finalement le tas de la figure (5).

On passe à la seconde étape. On commence par insérer la racine (10) à la place du dernier nœud de l'arbre de la figure (5). La racine est remplacée par son fils le plus grand (9), lequel est remplacé par son fils le plus grand (8), etc.

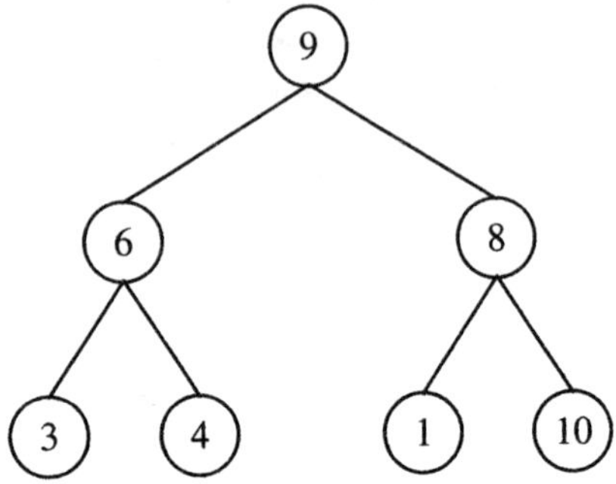

Fig. 2. — Un arbre binaire qui n'est pas un tas.

Le nœud qui a été écrasé par la racine (4), est inséré à la place de l'ancienne position du dernier nœud déplacé (8). On obtient donc l'arbre — qui n'est évidemment plus un tas — de la figure (6).

On réitère avec la nouvelle racine (9), puis la suivante (8), etc., jusqu'à obtenir l'arbre de la figure (7).

On remarque que le parcours selon une stratégie en largeur de cet arbre produit la suite triée :

1 2 3 4 5 6 7 8 9 10 (42)

Avec un peu d'attention, on remarque que l'arbre de la figure (7) peut être représenté sans ambiguïté par un tableau contenant les entiers (42) dans cet ordre. On peut d'ailleurs en dire autant de tout arbre binaire parfait. Par exemple, l'arbre de la figure (5) peut être représenté par le tableau contenant les éléments :

10 7 9 5 6 1 8 3 2 4 (43)

D'une manière générale, si un arbre binaire parfait est représenté par une suite x_n, alors un élément x_i donné a pour fils les éléments x_j et x_{j+1} avec $j = 2i$; cet élément

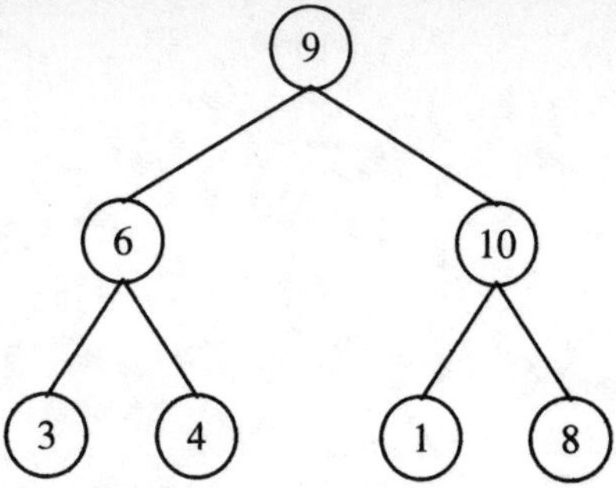

Fig. 3. — L'arbre binaire précédent après une inversion.

a pour père x_k tel que $k = i \ div \ 2$. On voit donc qu'il est facile, disposant d'un tableau d'entiers que l'on assimile à un arbre binaire parfait, d'accéder aux fils et au père de tout élément donné du tableau, et d'implémenter la méthode du tri par tas avec une telle structure. C'est ce que réalise la procédure *heapsort* ci-dessous. La procédure *heapsort2* construit le tas à partir du tableau à trier. Puis la procédure *delmax* procède au déplacement des maxima successifs jusqu'au résultat final :

```
procedure delmax(var T:Tab;var K,Max:integer);
var I,J,Temp:integer;
begin
        Max:=T[1];
        T[1]:=T[K];
        K:=K-1;
        I:=1;
        while I<=(K div 2) do
                begin
                if (K=2*I) or (T[2*I]>T[2*I+1])
                   then J:=2*I
                   else J:=2*I+1;
```

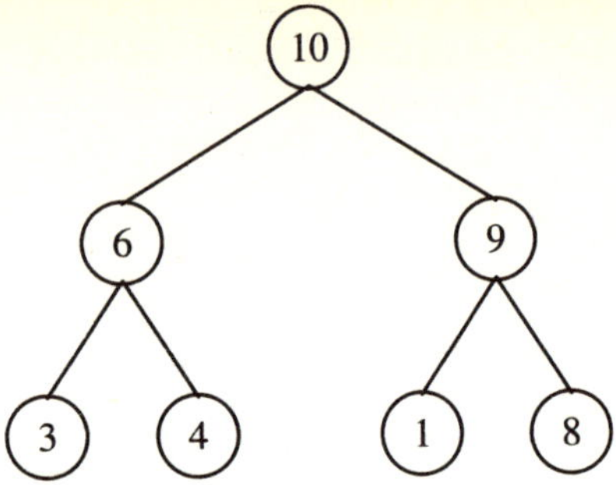

Fig. 4. — Un tas intermédiaire.

```
                if T[I]<T[J]
                then begin
                        Temp:=T[I];T[I]:=T[J];T[J]:=Temp;
                        I:=J;
                        end
                else I:=K+1;
             end;
end;

procedure heapsort2(var T:Tab;N,I:integer);
var J,Temp:integer;
begin
        repeat
                if (2*I+1>N) or (T[2*I]>=T[2*I+1])
                  then J:=2*I
                  else J:=2*I+1;
                if T[J]>T[I]
                  then begin
                        Temp:=T[I];T[I]:=T[J];T[J]:=Temp;
                        end;
                I:=J;
        until J>(N div 2);
end;
```

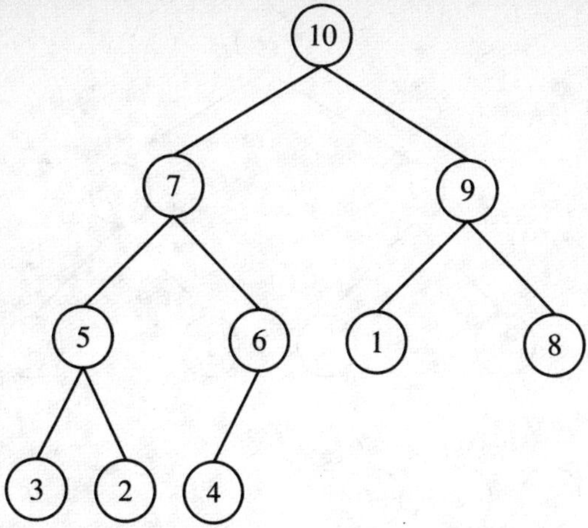

Fig. 5. — Le tas terminé.

```
procedure heapsort(var T:Tab;N:integer);
var I,Max:integer;
begin
        for I:=(N div 2) downto 1 do heapsort2(T,N,I);
        I:=N;
        while I>1 do
                begin
                delmax(T,I,Max);
                T[I+1]:=Max;
                end;
end;
```

Avec l'exemple (41), la procédure *heapsort2* construit le tableau (10 7 9 5 6 1 8 3 2 4), correspondant à l'arbre de

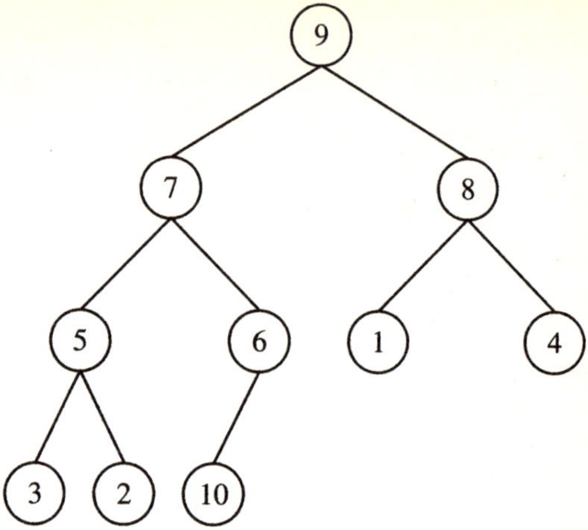

Fig. 6. — Déplacement de la racine.

la figure (5). Puis la procédure *heapsort* génère successivement les suites :

I=9	9 7 8 5 6 1 4 3 2 10
I=8	8 7 4 5 6 1 2 3 9 10
I=7	7 6 4 5 3 1 2 8 9 10
I=6	6 5 4 2 3 1 7 8 9 10
I=5	5 3 4 2 1 6 7 8 9 10
I=4	4 3 1 2 5 6 7 8 9 10
I=3	3 2 1 4 5 6 7 8 9 10
I=2	2 1 3 4 5 6 7 8 9 10
I=1	1 2 3 4 5 6 7 8 9 10

2. **Tri par insertion.** — Les méthodes de tri par *insertion* consistent à insérer un élément donné directement à gauche du premier élément rencontré qui lui est supérieur, après avoir décalé vers la droite les éléments qui suivent l'emplacement recevant l'élément inséré. Dans le cas du tri par insertion ordinaire, l'élément $T[I]$ est inséré dans la

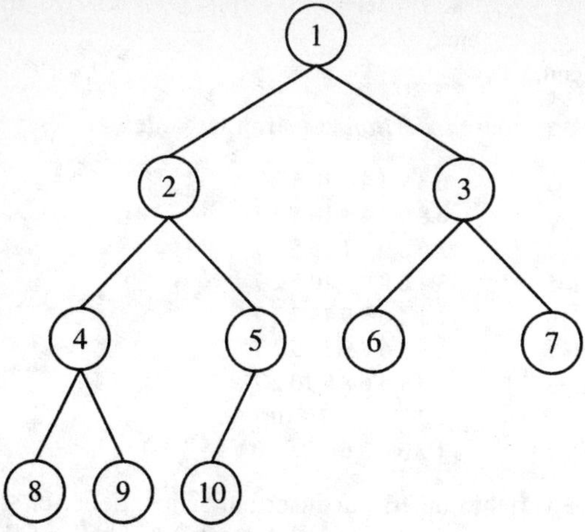

Fig. 7. — L'arbre final.

sous-suite $T[J]$ telle que $J < I$. Lorsque le rang dc $T[I]$ est trouvé dans la sous-suite, on décale la partie située à droite de ce rang avant de procéder à l'insertion. On parle alors d'insertion *séquentielle*. L'algorithme s'écrit :

```
procedure insertion(var T:Tab;N:integer);
var I,J,Temp:integer;
begin
        for I:=2 to N do
            begin
            J:=I-1;
            Temp:=T[I];
            while (J>0) and (T[J]>Temp) do
                begin
                T[J+1]:=T[J];
                J:=J-1;
                end;
```

```
            T[J+1]:=Temp;
            end;
    end;
```

La procédure *insertion* construit les suites successives :

I=2	6 8 9 3 4 1 10 5 2 7
I=3	6 8 9 3 4 1 10 5 2 7
I=4	3 6 8 9 4 1 10 5 2 7
I=5	3 4 6 8 9 1 10 5 2 7
I=6	1 3 4 6 8 9 10 5 2 7
I=7	1 3 4 6 8 9 10 5 2 7
I=8	1 3 4 5 6 8 9 10 2 7
I=9	1 2 3 4 5 6 8 9 10 7
I=10	1 2 3 4 5 6 7 8 9 10

Une variante du tri par insertion séquentielle, et sensiblement plus performante qu'elle, est le tri *shell.* [2] Elle est fondée sur la notion de suite *k-triée*. Une suite x_n est dite *k-triée* par ordre croissant, si et seulement si, pour tout i, $x_i \leq x_{i+k}$. Une suite est donc complètement ordonnée si elle est 1-triée. Le tri shell consiste à k-trier la suite initiale avec une valeur de k grande, puis à réitérer avec une valeur de k plus petite, etc., jusqu'à ce que l'on ait $k = 1$. La variable k est appelée *incrément* du tri shell. Toutes les suites de valeurs k_i sont utilisables en pratique, pour peu que la dernière valeur soit 1. On prend généralement $k_i = 3 * k_{i-1} + 1$ avec $k_1 = 1$, et on commence le tri shell avec la plus grande valeur de k_i telle que $k_i \leq n$, où n est le nombre de données à trier.

La procédure *shell* que nous avons écrite utilise une séquence différente d'incréments, en l'occurrence $K := K\ div\ 2$, avec $K := N$ lors de la première étape :

```
procedure shell(var T:Tab;N:integer);
var I,J,K,Temp:integer;
```

2. Du nom de son inventeur, Donald L. Shell, qui proposa cette méthode en 1959.

```
begin
    K:=N div 2;
    while K>0 do
        begin
        for I:=K+1 to N do
            begin
            J:=I-K;
            while J>0 do
                if T[J]>T[J+K]
                    then begin
                        Temp:=T[J];T[J]:=T[J+K];T[J+K]:=Temp;
                        J:=J-K;
                        end
                    else J:=0;
            end;
        K:=K div 2;
        end;
end;
```

Avec l'exemple (41), la variable K prend les valeurs 5, 2 et 1. La fonction *shell* produit les résultats intermédiaires :

K=5 I=6	1 6 9 3 4 8 10 5 2 7
K=5 I=7	1 6 9 3 4 8 10 5 2 7
K=5 I=8	1 6 5 3 4 8 10 9 2 7
K=5 I=9	1 6 5 2 4 8 10 9 3 7
K=5 I=10	1 6 5 2 4 8 10 9 3 7
K=2 I=3	1 6 5 2 4 8 10 9 3 7
K=2 I=4	1 2 5 6 4 8 10 9 3 7
K=2 I=5	1 2 4 6 5 8 10 9 3 7
K=2 I=6	1 2 4 6 5 8 10 9 3 7
K=2 I=7	1 2 4 6 5 8 10 9 3 7
K=2 I=8	1 2 4 6 5 8 10 9 3 7
K=2 I=9	1 2 3 6 4 8 5 9 10 7
K=2 I=10	1 2 3 6 4 7 5 8 10 9

```
K=1 I=2         1 2 3 6 4 7 5 8 10 9
K=1 I=3         1 2 3 6 4 7 5 8 10 9
K=1 I=4         1 2 3 6 4 7 5 8 10 9
K=1 I=5         1 2 3 4 6 7 5 8 10 9
K=1 I=6         1 2 3 4 6 7 5 8 10 9
K=1 I=7         1 2 3 4 5 6 7 8 10 9
K=1 I=8         1 2 3 4 5 6 7 8 10 9
K=1 I=9         1 2 3 4 5 6 7 8 10 9
K=1 I=10        1 2 3 4 5 6 7 8 9 10
```

Nous décrivons à présent une méthode de tri qui, bien qu'elle ne soit jamais utilisée parce qu'elle pose des problèmes de gestion de mémoire, constitue une curiosité amusante. Nous avons vu au chapitre précédent que le parcours d'un arbre binaire de recherche selon une stratégie infixe, génère une séquence de données triées dans un ordre croissant. L'idée consiste donc simplement à insérer chaque élément du tableau à trier dans un arbre binaire de recherche initialement vide, puis à recopier les données de l'arbre obtenu dans le tableau selon une stratégie infixe. Le tableau obtenu est nécessairement ordonné. La procédure *triArbre* ci-dessous réalise cela. La procédure *ajouter* qui insère la donnée lue dans l'arbre binaire déjà construit, a été décrite au chapitre précédent.

```
procedure triArbre2(var T:Tab;A:Arbre;var N:integer);
begin
        if A<>nil
          then begin
                  triArbre2(T,A↑.Gauche,N);
                  T[N]:=A↑.Info;
                  N:=N+1;
                  triArbre2(T,A↑.Droite,N);
                  end;
end;
```

```
procedure triArbre(var T:Tab;N:integer);
var
    A:Arbre;
    I:integer;
begin
    A:=nil;
    for I:=1 to N do ajouter(A,T[I]);
    I:=1;
    triArbre2(T,A,I);
end;
```

Remarquons que, lorsque la procédure *triArbre* s'achève, l'arbre binaire est toujours présent en mémoire, et occupe un emplacement qui ne peut plus être alloué. En toute rigueur, il conviendrait donc de procéder à la désallocation de chacun des nœuds constituant cet arbre, de manière à restaurer l'état initial de la mémoire.

3. **Tri rapide.** — Comme son nom le laisse présager, le tri rapide, appelé plus généralement *quicksort*, est l'une des plus efficaces méthodes de tri interne communément employée. Il s'agit d'un tri dichotomique naturellement récursif, se programmant aisément dans un langage tel que PASCAL. Il démontre fort judicieusement qu'en informatique, la stratégie qui consiste à diviser pour régner peut s'avérer très performante.

Soit une suite à trier $x_1 \ldots x_n$. Considérons deux pointeurs i et j, tels que i est initialisé à 1 et j à $n - 1$. Soit le dernier élément x_n de la suite. Notre but est de partitionner cette suite, de manière à ce que les conditions suivantes soient réalisées :

- L'élément x_n occupe sa place définitive dans la suite.
- Tous les éléments situés à gauche de x_n sont plus petits que lui.
- Tous les éléments situés à droite de x_n sont plus grands que lui.

Pour ce faire, il suffit d'incrémenter i à la recherche d'un terme supérieur ou égal à x_n, et de décrémenter j à la recherche d'un terme inférieur ou égal à x_n, d'échanger ces termes, et de poursuivre jusqu'à ce que les pointeurs i et j se croisent. Si l'on insère alors le terme x_n à la position i, on est assuré qu'il occupe sa place définitive. On voit que le terme x_n joue le rôle de pivot. On peut tout-à-fait choisir comme pivot le premier terme de la suite au lieu du dernier. Le tableau (3) détaille le fonctionnement de cet algorithme avec l'exemple (41). Dans ce tableau, le pivot est entouré d'astériques, et les éléments à échanger, de parenthèses.

Tableau 3. — **La première étape du tri rapide.**

Suite	i	j	x_i	x_j
2 6 9 3 4 1 10 5 8 *7*	1	9	2	8
2 6 (9) 3 4 1 10 (5) 8 *7*	3	8	9	5
2 6 5 3 4 1 10 9 8 *7*	3	8	5	9
2 6 5 3 4 (1) (10) 9 8 *7*	7	6	10	1
2 6 5 3 4 10 1 9 8 *7*	7	6	1	10
2 6 5 3 4 1 *7* 9 8 10	7	6	7	1

Si on note k la position finale de x_n dans la suite partitionnée, il suffit alors de répéter le partitionnement précédent sur les suites $x_1 \ldots x_{k-1}$ et $x_{k+1} \ldots x_n$. On renouvelle cette opération jusqu'à ce que la sous-suite à trier ne comporte plus qu'un élément. Sur l'exemple du tableau (3), on répète récursivement le partitionnement sur les sous-suites (2 6 5 3 4 1) et (9 8 10). L'algorithme s'écrit finalement :

```
procedure quicksort2(var T:Tab;N,G,D:integer);
var I,J,Temp:integer;
begin
    if D>G
      then begin
        I:=G-1;J:=D;
```

```
repeat
        repeat
                I:=I+1;
        until (T[I]>=T[D]) or (I=N);
        repeat
                J:=J-1;
        until (T[J]<=T[D]) or (J=1);
        Temp:=T[I];T[I]:=T[J];T[J]:=Temp;
until J<=I;
T[J]:=T[I];T[I]:=T[D];T[D]:=Temp;
quicksort2(T,N,G,I-1);
quicksort2(T,N,I+1,D);
end;
end;

procedure quicksort(var T:Tab;N:integer);
begin
        quicksort2(T,N,1,N);
end;
```

Avec la suite (41), le tri rapide construit les séquences successives qui suivent. Nous donnons également les valeurs des variables *I*, *J*, *G* et *D* juste avant le premier appel récursif de *quicksort2*. La première ligne correspond au résultat du premier partitionnement. Elle est donc identique à la dernière ligne du tableau (3) :

I=7	J=6	G=1	D=10	2 6 5 3 4 1 7 9 8 10
I=1	J=1	G=1	D=6	1 6 5 3 4 2 7 9 8 10
I=2	J=1	G=2	D=6	1 2 5 3 4 6 7 9 8 10
I=6	J=5	G=3	D=6	1 2 5 3 4 6 7 9 8 10
I=4	J=3	G=3	D=5	1 2 3 4 5 6 7 9 8 10
I=10	J=9	G=8	D=10	1 2 3 4 5 6 7 9 8 10
I=8	J=7	G=8	D=9	1 2 3 4 5 6 7 8 9 10

Le tri rapide est particulièrement performant, comme on peut le constater à l'examen du tableau (4), qui donne les temps d'exécution des algorithmes précédents pour différentes valeurs de *N*, *N* étant le nombre d'entiers de la suite à trier, générée de manière aléatoire. La plate-forme utilisée est un micro-ordinateur personnel, et les temps de calcul sont exprimés en centièmes de seconde.

Tableau 4. — **Performance des algorithmes de tri en 1/100e de seconde.**

N	1000	2000	3000	4000	5000	10000	$Comp$
bulles	149	605	1335	2383	3751	14912	N^2
selection	99	395	890	1582	2472	9887	N^2
heapsort	5	17	28	33	50	99	$NlogN$
insertion	60	247	538	962	1532	6031	N^2
shell	5	16	22	32	49	104	$N^{3/2}$
triArbre	6	11	22	28	33	77	$NlogN$
quicksort	5	6	11	17	22	38	$NlogN$

On observe que le tri à bulles, le tri par sélection ordinaire et le tri par insertion séquentielle sont les plus gourmands en temps de calcul. Nous verrons au chapitre qui suit comment on peut analyser et prévoir le comportement d'un algorithme. Une analyse des trois algorithmes précédents révèle que le temps de calcul qu'ils requièrent est à peu de chose près proportionnel au carré du nombre de données à trier. Nous donnons également dans le tableau (4) la complexité des algorithmes de tri que nous avons décrits.

III. — Algorithmes de recherche

1. **Recherche dans un tableau quelconque.** — Nous supposons ici et jusqu'à la fin du chapitre, que le problème de la recherche consiste à déterminer si un certain élément appartient à un tableau donné. Nous ne reviendrons pas sur les techniques de recherche faisant appel à des arbres, et en particulier sur la recherche d'une clé dans un arbre binaire de recherche, problème que nous avons traité au chapitre précédent.

Lorsqu'il s'agit de rechercher un élément donné dans un tableau non ordonné, le choix des méthodes possibles est on ne peut plus réduit. Si l'on met de côté les techniques de hachage que nous décrivons plus loin, il ne reste guère qu'à parcourir séquentiellement le tableau du début vers la fin, jusqu'à ce que l'on ait trouvé l'élément recherché ou que l'on ait examiné toutes les cases du tableau. Cette recherche séquentielle se programme aisément :

```
function recherche(var T:Tab;N,X:integer):integer;
var I:integer;
begin
        I:=1;
        while (I<=N) and (X<>T[I]) do I:=I+1;
        if X=T[I]
           then recherche:=I
           else recherche:=0;
end;
```

La fonction *recherche* retourne l'indice de la case du tableau qui contient l'élément à rechercher; elle retourne 0 si cet élément est absent.

Lorsque, pour un tableau donné, on a à rechercher un très grand nombre d'éléments, il peut être intéressant de trier le tableau avant de commencer les recherches. Une autre possibilité est de recourir à un algorithme de recherche *auto-adaptive*, qui réorganise le tableau au fur et à mesure des recherches, de manière à réduire le nombre de comparaisons lors des recherches ultérieures. Un algorithme de recherche autoadaptive peut consister, par exemple, à placer en tête du tableau chaque élément recherché lorsqu'il est trouvé dans ce tableau. Néanmoins, il n'existe pas d'algorithme dont on peut garantir qu'il soit plus efficace qu'une simple recherche séquentielle, lorsqu'il est question de rechercher un élément dans un tableau non ordonné.

2. **Recherche dans un tableau trié.** — Considérons un tableau trié par ordre croissant. Il est facile alors

d'améliorer l'algorithme précédent. En effet, supposons que l'on recherche l'élément x dans la suite $x_1 \ldots x_n$, telle que $x_i \leq x_{i+1}$. Si l'on trouve un certain x_i, tel que $x_i > x$, et si on n'a pas trouvé x dans la suite $x_1 \ldots x_i$, il est inutile d'explorer la fin de la suite $x_{i+1} \ldots x_n$. Il est impossible de trouver dans cette sous-suite un x_k tel que $x = x_k$ car, dans ce cas, on aurait $x_k > x_i > x$ et, de fait, $x \neq x_k$. Il suffit donc de modifier légèrement l'algorithme de recherche séquentielle précédent, de façon à ce que toutes les cases du tableau ne soient pas systématiquement explorées. Cela donne :

```
function recherche2(var T:Tab;N,X:integer):integer;
var I:integer;
begin
        I:=1;
        while (I<=N) and (X>T[I]) do I:=I+1;
        if X=T[I]
           then recherche2:=I
           else recherche2:=0;
end;
```

Contrairement à une intuition naïve, la fonction *recherche2* n'est pas beaucoup plus performante que la fonction *recherche*. En effet, nous n'exploitons pas ici efficacement le fait que le tableau est trié et, en moyenne, le nombre de comparaisons à effectuer pour trouver un élément dans un tableau trié ou non par une recherche séquentielle, reste dans les deux cas de l'ordre de N, où N est le nombre d'éléments du tableau.

Une méthode beaucoup plus efficace est celle de la *dichotomie*. Partant du tableau initial, on recherche si l'élément à trouver est dans la moitié gauche ou droite du tableau; dans le premier cas, on poursuit la recherche en ramenant la borne droite de l'intervalle à la moitié du tableau; dans le second, on déplace la borne gauche. On réitère jusqu'à ce que l'on trouve l'élément cherché, ou jusqu'à ce que les bornes gauche et droite de l'intervalle de recherche se croisent. Ainsi, à chaque itération, la taille de la sous-suite à explorer est divisée par 2. On obtient en PASCAL la fonction *recdicho* :

```
function recdicho(var T:Tab;N,X:integer):integer;
var
      Trouve:boolean;
      Debut,Milieu,Fin:integer;
begin
      Debut:=1;
      Fin:=N;
      Trouve:=false;
      while not(Trouve) and (Debut<=Fin) do
            begin
            Milieu:=(Fin+Debut) div 2;
            if T[Milieu]=X
               then Trouve:=true
               else if T[Milieu]<X
                       then Debut:=Milieu+1
                       else Fin:=Milieu-1;
            end;
      if Trouve
         then recdicho:=Milieu
         else recdicho:=0;
end;
```

On démontre que la recherche par dichotomie d'un élément dans un tableau trié de taille N nécessite en moyenne un nombre de comparaisons de l'ordre de $log_2 N$, ce qui fait de cet algorithme l'un des plus performants actuellement disponibles, bien qu'il soit d'une simplicité indéniable.

Des tentatives existent pour améliorer la recherche dichotomique. Soit, par exemple, à rechercher l'entier 953 dans la suite (44), qui comprend 500 termes.

1 3 5 7 9 11 ... 999 (44)

Une recherche par dichotomie conduit à un calcul des milieux des intervalles successifs $[1, 500]$, $[251, 500]$,

$[376, 500]$, $[439, 500]$, $[470, 500]$ et $[470, 484]$. Le milieu de ce dernier intervalle est 477, qui correspond à la position de l'entier 953. La recherche aboutit donc après seulement 7 comparaisons. Pourtant, on peut espérer aboutir au même résultat avec un nombre de comparaisons plus faible, si l'on prend en considération le fait que 953 est beaucoup plus proche de la fin du tableau que de son milieu. La relation qui suit donne le rang probable k de l'entier cherché x, en fonction des rangs i et j des bornes gauche et droite de l'intervalle de recherche, et en supposant que les x_i sont donné par une fonction linéaire de i :

$$k = i + \frac{(j-i)(x-x_i)}{x_j - x_i} \tag{45}$$

Avec la suite (44), et avec $i = 1$, $j = 500$, $x_i = 1$, $x_j = 999$ et $x = 953$, on trouve $k = 477$, qui est le rang de x dans la suite. Autrement dit, on parvient ici au résultat avec seulement une comparaison. D'une manière générale, on peut montrer que le nombre de comparaisons nécessaires pour trouver un élément dans un tableau trié par la méthode de l'interpolation, est de l'ordre de $log_2(log_2 N)$, où N est le nombre d'éléments du tableau. En réalité cependant, cette méthode n'est pas nécessairement plus efficace que la dichotomie, pour la raison que le calcul de (45) est beaucoup plus coûteux que le simple calcul du milieu de l'intervalle de recherche. En PASCAL, la fonction *interpolation* s'écrit :

```
function interpolation(var T:Tab;N,X:integer):integer;
var
    Trouve:boolean;
    Debut,Inter,Fin:integer;
    V1,V2,V3:longint;
begin
      Debut:=1;
      Fin:=N;
      Trouve:=false;
```

```
    while not(Trouve) and (X>=T[Debut]) and (X<=T[Fin]) do
          begin
          V1:=Fin-Debut;
          V2:=X-T[Debut];
          V3:=T[Fin]-T[Debut];
          Inter:=Debut+(V1*V2) div V3;
          if T[Inter]=X
            then Trouve:=true
            else if T[Inter]<X
                    then Debut:=Inter+1
                    else Fin:=Inter-1;
          end;
    if Trouve
      then interpolation:=Inter
      else interpolation:=0;
end;
```

Remarquons que, pour le calcul de la variable $Inter$ par la formule (45), nous avons déclaré des variables intermédiaires $V1$, $V2$ et $V3$ comme entiers longs car, pour des valeurs moyennes de $V1$ et $V2$, le produit $V1 * V2$ dépasse largement la plus grande valeur autorisée pour le format entier. Sans cette précaution, la fonction entre fréquemment dans des boucles sans fin.

3. **Méthodes de hachage.** — Les techniques de *hachage* — de l'anglais *to hash* —, dites aussi de *calcul d'adresses*, sont couramment employées lorsque l'on veut accéder très rapidement à un objet d'une collection donnée. Idéalement, le temps d'accès à un élément d'un tableau, lorsque l'on connaît la position de cet élément, est indépendant de la taille du tableau. L'idée de base de ces techniques est donc de calculer l'adresse de chacun des objets de la collection, et de stocker l'objet à l'adresse calculée. Soit un ensemble de données $x_1 \dots x_n$. Supposons donnée une fonction h qui reçoit en argument un x_i et retourne un indice $h(x_i)$, et supposons que l'on dispose d'un tableau de taille au moins

égale à celle de l'ensemble. Pour tout x_i, on calcule $h(x_i)$ et l'on stocke x_i à la position $h(x_i)$ dans le tableau t :

$$t[h(x_i)] = x_i \tag{46}$$

Si l'ensemble $x_1 \ldots x_n$ est connu *a priori*, et défini une fois pour toutes, la procédure précédente n'est réalisée qu'une seule fois. Après quoi, supposons que l'on recherche un élément y donné dans l'ensemble $x_1 \ldots x_n$. Il suffit de calculer $h(y)$, et de comparer $t[h(y)]$ avec y. En cas d'égalité, l'élément recherché est bien dans l'ensemble; sinon, il n'y est pas. Ainsi, on voit que la mise en œuvre de cet algorithme de recherche ne nécessite qu'un calcul d'adresse et qu'une seule comparaison, quelle que soit par ailleurs la taille du tableau à explorer.

La fonction h est communément appelée fonction de hachage. C'est à elle qu'il incombe de donner les adresses des objets de l'ensemble. Hélas, il n'existe pas de fonction de hachage universelle, et la définition de cette fonction, qui est à la charge de l'utilisateur, est une opération très délicate.

Examinons cela sur un exemple. Soit le micro-lexique constitué de 10 mots : (allumette, barbe, carabine, droit, embrayage, fille, heure, main, partie, uniforme). Soit un mot x de ce lexique représenté par la suite de caractères $(c_1 \ldots c_p)$. Une première idée pour la fonction h est d'adopter la formule (47), dans laquelle $ord(c_i)$ retourne la position dans l'alphabet du caractère c_i.

$$h(x) = ord(c_i) \tag{47}$$

Cette idée, qui revient en fait à stocker les mots du lexique dans l'ordre alphabétique n'est guère originale ni astucieuse, car on peut s'attendre à ce que plusieurs mots débutent par la même lettre. Une amélioration consiste à tenir compte de tous les caractères composant le mot x :

$$h(x) = \sum_{i=1}^{p} ord(c_i) \tag{48}$$

Mais cette idée n'est pas très heureuse, car la fonction h définie ainsi n'est pas bornée, tandis que le tableau dans lequel doit être stocké le lexique l'est nécessairement. Il est facile de remédier à cela. Soit une constante M telle que $N \leq M$, où N est le nombre de mots du lexique. Remplaçons (48) par :

$$h(x) = (\sum_{i=1}^{p} ord(c_i)) \, mod \, M \tag{49}$$

A présent, la fonction h retourne une adresse comprise entre 0 et $M - 1$. Avec le micro-lexique précédent, et avec $M = 17$, on obtient les adresses données par le tableau (5).

Tableau 5. — **Exemple de hachage.**

x	h(x)	x	h(x)
allumette	7	fille	10
barbe	11	heure	6
carabine	2	main	3
droit	15	partie	1
embrayage	9	uniforme	16

Soit à rechercher par exemple le mot *informatique* dans le lexique. Avec la fonction h donnée par (49), on a : $h(informatique) = 12$. Or, $t[12] \neq informatique$ — on a pris évidemment soin d'initialiser le tableau t; par exemple, $t[i] ='' $ pour tout i —. Donc, ce mot n'est pas dans le lexique. On peut l'y insérer. Ajoutons-y également les mots : (fascicule, ordinateur, train). On obtient le tableau d'adresses (6).

On remarque immédiatement que les mots *barbe*, *fascicule* et *train* d'une part, et les mots *heure* et *ordinateur* d'autre part, possèdent la même adresse. On parle alors de *collision* d'adresses. Pour remédier à cette lacune, on peut :

- soit rechercher une fonction h injective de l'ensemble des objets de la collection vers l'intervalle $[0, M - 1]$;

Tableau 6. — **Exemple de collisions.**

x	h(x)	x	h(x)
allumette	7	heure	6
barbe	11	informatique	12
carabine	2	main	3
droit	15	ordinateur	6
embrayage	9	partie	1
fascicule	11	train	11
fille	10	uniforme	16

- soit tenter de traiter les collisions lorsqu'elles se produisent.

La première proposition relève manifestement de l'utopie. Il reste donc à voir comment traiter les collisions.

La première méthode, dite avec *chaînage séparé* ou *externe*, consiste à associer, à chaque adresse calculée par la fonction h, la liste des objets auxquels h a affecté cette adresse. Cette méthode est l'une des plus efficaces connues, mais présente l'inconvénient d'augmenter la taille de la mémoire nécessaire pour stocker tous les objets.

Les autres principales techniques sont essentiellement celles que l'on regroupe sous la dénomination d'*adressage ouvert*. Par exemple, l'*exploration* ou *hachage linéaire*, consiste, en cas de collision, à rechercher dans le tableau t la première case vide, et à y placer l'objet responsable de la collision. Si l'on atteint la fin du tableau sans avoir trouvé de case disponible, on recommence à partir du début. Avec le lexique précédent, et en supposant que l'on insère les mots dans l'ordre alphabétique, on obtient le nouveau tableau d'adresses (7).

La technique du hachage linéaire évite les collisions, mais ne permet plus d'accéder directement à un objet donné. En effet, lorsque l'on recherche un élément x, on calcule

Tableau 7. — **Exemple de hachage linéaire.**

x	h(x)	x	h(x)
allumette	7	heure	6
barbe	11	informatique	13
carabine	2	main	3
droit	15	ordinateur	8
embrayage	9	partie	1
fascicule	12	train	14
fille	10	uniforme	16

comme précédemment $h(x)$, et trois cas doivent alors être envisagés :

1. $t[h(x)] = x$: la recherche s'achève sur un succès.
2. $t[h(x)]$ est vide : x n'est pas dans le tableau.
3. $t[h(x)] \neq x$: on incrémente $h(x)$ — si $h(x) = M - 1$, alors $h(x) + 1 = 0$ —, et on recommence en 1.

Pour cette raison, et bien qu'il soit d'une mise en œuvre aisée, le hachage linéaire est beaucoup moins efficace que la technique du chaînage séparé.

Une multitude d'autres méthodes existent, et le problème de la fonction de hachage est très difficile. C'est à l'utilisateur de définir la fonction la plus appropriée à son application, et à choisir la méthode de hachage qui lui paraît offrir un compromis satisfaisant entre la vitesse d'exécution et l'occupation en mémoire.

CONCLUSION

La notion d'algorithme est aujourd'hui liée à celle d'ordinateur. Une opinion répandue parmi le grand public est que, si certains problèmes ne peuvent être résolus de nos jours à l'aide de ces machines, il viendra un temps où elles seront capables de tout. Il est vrai que cette opinion est entretenue par les média à grand renfort de termes techniques pompeux souvent dénués de sens. La réalité est cependant plus amère. S'il est vrai que la vitesse de calcul des ordinateurs a été multipliée par un facteur de l'ordre du million au cours de ces vingt dernières années, très nombreux sont les problèmes calculables qui ne peuvent encore être traités, et qui ne pourront l'être même lorsque les ordinateurs seront des milliards de fois plus puissants que ceux que nous connaissons aujourd'hui.

A côté de cette légion de problèmes décidables pour lesquels on ne connaît pas d'algorithmes qu'on puisse utiliser en situation réelle, trônent d'innombrables problèmes incalculables dont il a été formellement démontré qu'ils ne seront jamais résolus à l'aide d'algorithmes implémentés sur des ordinateurs tels que nous les concevons. La jungle de ces problèmes constitue le terrain de chasse des chercheurs en Intelligence Artificielle, qui s'acharnent depuis près de trente ans à simuler l'intelligence humaine, à l'aide de machines dont les capacités demeurent on ne peut plus restreintes en regard des pouvoirs illimités que semblent leur prêter ces chercheurs.

Il n'en reste pas moins que l'ordinateur est un outil formidable permettant d'exécuter les algorithmes à une vitesse incomparablement plus élevée que ne peut le faire une personne seule. Beaucoup de ces algorithmes peuvent être améliorés, et l'accroissement de la puissance des ordinateurs aidant, il est certain que bien des problèmes réputés difficiles trouveront leur solution dans l'avenir.

BIBLIOGRAPHIE

AHO A.V., HOPCROFT J.E., ULLMAN J.D., *The design and analysis of computer algorithms*, Addison-Wesley, Reading, Massachusetts, 1974.

AHO A.V., HOPCROFT J.E., ULLMAN J.D., *Data structures and algorithms*, Addison-Wesley, Reading, Massachusetts, 1983.

BAASE S., *Computer algorithms: Introduction to design and analysis*, Addison-Wesley, Reading, Massachusetts, 1978.

BECKMAN F.S., *Mathematical foundations of programming*, Addison-Wesley, Reading, Massachusetts, 1980.

FROIDEVAUX C., GAUDEL M.-C., SORIA M., *Types de données et algorithmes*, Ediscience international, Paris, 1993.

GONDRAN M., MINOUX M., *Graphes et algorithmes*, Eyrolles, Paris, 1978.

HOROWITZ E., SAHNI S., *Fundamentals of computer algorithms*, Pitman, London, 1978.

KNUTH D.E., *The art of computer programming - Volume 1 / Fundamental Algorithms*, Addison-Wesley, Reading, Massachusetts, 2d edition, 1975.

KNUTH D.E., *The art of computer programming - Volume 2 / Seminumerical Algorithms*, Addison-Wesley, Reading, Massachusetts, 2d edition, 1981.

KNUTH D.E., *The art of computer programming - Volume 3 / Sorting and searching*, Addison-Wesley, Reading, Massachusetts, 1973.

RAYNAL M., *Algorithmes distribués et protocoles*, Eyrolles, Paris, 1989.

SEDGEWICK R., *Algorithms*, Addison-Wesley, Reading, Massachusetts, 2d edition, 1988.

STERN J., *Fondements mathématiques de l'informatique*, McGraw-Hill, Paris, 1990.

SIBONY M., MARDON J.-Cl., *Analyse numérique I - Systèmes linéaires et non linéaires*, Hermann, Paris, 1982.

SIBONY M., MARDON J.-Cl., *Analyse numérique II - Approximations et équations différentielles*, Hermann, Paris, 1982.

TABLE DES MATIÈRES

Imprimé en France
Imprimerie des Presses Universitaires de France
73, avenue Ronsard, 41100 Vendôme
Janvier 1995 — N° 41 059